サービス品質の構造を探る

プロ野球の事例から学ぶ

(社)日本品質管理学会 監修

鈴木 秀男 著

日本規格協会

JSQC選書
JAPANESE SOCIETY FOR
QUALITY CONTROL

15

JSQC 選書刊行特別委員会

(50音順,敬称略,所属は発行時)

委員長	飯塚　悦功	東京大学大学院工学系研究科
委　員	岩崎日出男	近畿大学理工学部機械工学科
	上野　陽一	財団法人日本規格協会
	長田　　洋	東京工業大学大学院イノベーションマネジメント研究科
	久保田洋志	広島工業大学工学部機械システム工学科
	鈴木　和幸	電気通信大学電気通信学部システム工学科
	中條　武志	中央大学理工学部経営システム工学科
	永田　　靖	早稲田大学創造理工学部経営システム工学科
	福丸　典芳	有限会社福丸マネジメントテクノ
	宮村　鐵夫	中央大学理工学部経営システム工学科

●執筆者●

鈴木　秀男　慶應義塾大学理工学部管理工学科

用字・用語について

JSQC 選書では,サービス業でも抵抗なく読み進められるように,原則,"品質"ではなく"質"を用います.ただし,"品質立国日本"や"品質表"などの歴史的経過から既に定着したと考えられる用語や固有名詞の場合には"品質"とします.

また,"management"は"マネジメント","control"は"管理"と区別して表記することにしました.そもそも"管理"には広義(quality management：質を中心にした経営管理活動)と狭義(quality control：quality management の一部)が考えられます.欧米同様,それぞれ区別して用語を用いたほうが実施事項や実施範囲が明確になり,誤解なく意味が伝わりやすく,また,国際的な場面においても対応容易性が期待できるため,このように記すことにしました.

発刊に寄せて

　日本の国際競争力は，BRICs などの目覚しい発展の中にあって，停滞気味である．また近年，社会の安全・安心を脅かす企業の不祥事や重大事故の多発が大きな社会問題となっている．背景には短期的な業績思考，過度な価格競争によるコスト削減偏重のものづくりやサービスの提供といった経営のあり方や，また，経営者の倫理観の欠如によるところが根底にあろう．

　ものづくりサイドから見れば，商品ライフサイクルの短命化と新製品開発競争，採用技術の高度化・複合化・融合化や，一方で進展する雇用形態の変化等の環境下，それらに対応する技術開発や技術の伝承，そして品質管理のあり方等の問題が顕在化してきていることは確かである．

　日本の国際競争力強化は，ものづくり強化にかかっている．それは，"品質立国"を再生復活させること，すなわち"品質"世界一の日本ブランドを復活させることである．これは市場・経済のグローバル化のもとに，単に現在のグローバル企業だけの課題ではなく，国内型企業にも求められるものであり，またものづくり企業のみならず広義のサービス産業全体にも求められるものである．

　これらの状況を認識し，日本の総合力を最大活用する意味で，産官学連携を強化し，広義の"品質の確保"，"品質の展開"，"品質の創造"及びそのための"人の育成"，"経営システムの革新"が求められる．

"品質の確保"はいうまでもなく，顧客及び社会に約束した質と価値を守り，安全と安心を保証することである．また"品質の展開"は，ものづくり企業で展開し実績のある品質の確保に関する考え方，理論，ツール，マネジメントシステムなどの他産業への展開であり，全産業の国際競争力を底上げするものである．そして"品質の創造"とは，顧客や社会への新しい価値の開発とその提供であり，さらなる国際競争力の強化を図ることである．これらは数年前，(社)日本品質管理学会の会長在任中に策定した中期計画の基本方針でもある．産官学が連携して知恵を出し合い，実践して，新たな価値を作り出していくことが今ほど求められる時代はないと考える．

ここに，(社)日本品質管理学会が，この趣旨に準じて『JSQC 選書』シリーズを出していく意義は誠に大きい．"品質立国"再構築によって，国際競争力強化を目指す日本全体にとって，『JSQC 選書』シリーズが広くお役立ちできることを期待したい．

2008 年 9 月 1 日

社団法人経済同友会代表幹事
株式会社リコー代表取締役会長執行役員
(元 社団法人日本品質管理学会会長)

桜井　正光

まえがき

 近年,日本におけるサービス産業の GDP に占める割合が約 70% となっている.さらには製造業のサービス部門の重要性(売上げへの貢献度)も増していることから,全産業におけるサービス分野の実際の割合はもっと高いと言える.

 一方,グローバルな視点で見ると,日本のサービス分野の生産性や品質の水準は必ずしも高くはなく,それらの向上の必要性が指摘されている.

 サービス分野においては,現在でもなお,経験や勘に頼る意思決定が行われることが珍しくない.そのような課題に対して,製造業を中心に培ってきた品質管理の見方・考え方,様々な手法が,有効に機能する.特に,"客観的なデータ(事実)に基づく管理"の重要性を再認識し,サービス分野にもっとこれらの考えを浸透させていくことが必要であると感じている.

 サービスは無形(イメージがつかみにくい)であるため,サービスに関連する要因や特性の数値化は容易ではないが,意識次第で数値化できることが少なくない.数値化することで,論理的な思考になり,いろいろなことに気づかされる.数値化されたデータは,組織決定する際に大変有効な根拠材料になる.

 本書では,サービスの特性,サービス品質,さらにはサービス品質に密接に関連する顧客満足度,顧客ロイヤルティについて述べ,それらをどのように測定・分析するかについて解説する.

サービスは，あらゆる業種・分野の人が関わる問題である．製造業でも，モノを作るだけではビジネスは成り立たない．活動の中で人との接点があるとすれば，そこにサービスという概念が必ず発生することになる．今までサービスに対して特別な考えをもっていなかった方が，本書を通じて，サービスに対する見方・考え方をもつことに役立てれば幸いである．

　また，本書の特徴として，プロ野球やプロスポーツの事例分析を半分以上の紙面を使って紹介していることである．プロ野球・プロスポーツという馴染みがあってわかりやすいサービスの事例を通して，サービス品質や顧客満足度，それらの影響度の数値化を示し，そこからどのような示唆が得られるのか，マネジメントとしてどのようなことが学べるのかを伝えたい．

　本書では，5章においてプロ野球のチームのサービスに関する評価数値を数多く掲載した．したがって，プロ野球やスポーツビジネスに興味をもっている方には有益な情報を提供していると自負しているが，本書を読むことで"客観的なデータ（事実）に基づく管理"の重要性を学ぶきっかけになればと願う次第である．

　本書は，6章からなる．第1章では，サービス分野の生産性，品質，顧客満足度の向上の必要性に触れたのち，サービスの特性と定義について確認する．そのうえで，品質管理的なものの見方・考え方，特に"客観的データ（事実）に基づく管理"をサービス分野に適用する必要性，数値化とデータ解析の活用の有効性について論じる．

　第2章では，サービス品質，顧客満足，顧客ロイヤルティの概

念,測定方法,それらの因果関係について述べる.これらは,サービスに関連する数値化を行う際には理解しておくことが必要不可欠である.

第3章では,サービス品質の測定のためのフレームワークについて説明する.一つは,よく知られたサービス品質評価モデルのSERVQUAL (Service Quality の略) を取り上げ,SERVQUALに基づくガソリンスタンドのサービス品質評価モデルの分析事例を示す.二つ目のモデルとして,3層からなる階層的サービス品質評価モデルについて説明し,コーヒーショップのサービスへの適用事例を示す.

第4章では,代表的な顧客満足度指数モデルである ACSI (American Customer Satisfaction Index:米国顧客満足度指数)のモデルについて解説する.ACSI の特徴は,過去の期待,現在の評価,将来への意向などを含めた総合的な満足度指標であることであり,実際の消費・経験に基づく知覚品質のみによる評価指標とは異なる.

第5章では,顧客満足度指数モデルの特定分野への適用例として,プロ野球チームの満足度指数モデルを構築し,そのモデルに基づく各チームの総合満足度スコアなどの構成概念スコアの算出と比較検討を行う.

第6章では,バランスト・スコアカードのフレームワークを踏まえ,経営組織,あるいは内部の品質の視点から,サービス組織の評価指標の因果関係を視覚的,かつ定量的に明らかする事例を紹介する.事例の対象は日本のプロスポーツクラブである.また,本事

例分析で用いたネットワーク分析についても簡単に紹介する．

本書の内容の一部では，"鈴木秀男 (2010)：顧客満足度向上のための手法―サービス品質の獲得―"（日科技連出版社）に基づくものを含んでいる．また，第6章の内容は，"水野圭，鈴木秀男 (2010)：ネットワーク分析を用いたプロスポーツクラブの業績評価指標の関係性に関する研究，日本経営工学会論文誌, Vol. 61, No.4, pp.263-274" に基づく．快く許可していただいた日科技連出版社，並びに日本経営工学会論文誌編集委員会に感謝の意を表したい．

最後に，本書の執筆の機会を与えていただいた JSQC 選書刊行特別委員会，並びに日本規格協会の関係各位に御礼申し上げる．また，本書の原稿を精読していただき，ご意見・ご助言をくださった中央大学の中條武志教授に厚く御礼申し上げる．

2011 年 3 月 25 日

鈴木　秀男

目　　次

発刊に寄せて
まえがき

第1章　序　　論

1.1　日本のサービス分野の現状 ………………………………… 13
1.2　サービスの特性と定義 ………………………………………… 15
1.3　無形性がサービス品質の評価にもたらすもの ……………… 18
1.4　品質管理のものの考え方，手法の活用 ……………………… 20
1.5　手法の活用についてはどうであろうか ……………………… 24
1.6　数値化とデータ解析の活用 …………………………………… 25

第2章　サービス品質，顧客満足，顧客ロイヤルティ

2.1　サービス品質 …………………………………………………… 27
2.2　顧客満足 ………………………………………………………… 28
2.3　顧客ロイヤルティ ……………………………………………… 30
2.4　サービス品質，顧客満足，顧客ロイヤルティの関係 ……… 32
2.5　サービス・プロフィット・チェーン：従業員満足と
　　　サービス品質の関係 …………………………………………… 33

第3章　サービス品質の測定

3.1　サービス品質の測定：SERVQUAL ………………………… 37
3.2　SERVQUAL の事例：ガソリンスタンド …………………… 44
3.3　階層的サービス品質評価モデル ……………………………… 52

3.4 階層的サービス品質評価モデルの事例：コーヒーショップ ………… 57

第4章　顧客満足度指数モデル

4.1 ACSI モデル：構成概念と関連する質問項目 ………… 66
4.2 調査方法と ACSI スコア ………… 71
4.3 顧客満足度指数モデルの構築：コーヒーショップの事例 ………… 73

第5章　プロ野球チームのサービス品質と顧客満足度の数値化

5.1 プロ野球の経営の背景と顧客満足度指数モデルの意義 …… 77
5.2 顧客満足度指数モデルと質問設計 ………… 78
5.3 調査方法及び回答者属性：2010年1月下旬調査 ………… 81
5.4 サービス品質，総合満足度及びロイヤルティ間の因果分析 ………… 86
5.5 各構成概念の指数化 ………… 88
5.6 チームごとの考察 ………… 93
5.7 総合満足度スコア，ホーム球場の平均観客数及びチーム勝率に関する関連性分析 ………… 115
5.8 プロ野球の事例から学ぶこと ………… 118

第6章　ネットワーク分析を用いたプロスポーツクラブの業績評価指標間の関係性

6.1 業績評価指標間の関係性の定量的分析の必要性 ………… 127
6.2 バランスト・スコアカード ………… 129
6.3 プロスポーツクラブチームの業績評価指標の設計と調査概要 ………… 137

6.4 ネットワーク分析を用いた業績評価指標間の
　　 関係性の分析：プロスポーツクラブチーム ………… 144
6.5 本分析の結論 ……………………………………………… 154
付録 6.1 共起性尺度 ………………………………………… 155
付録 6.2 次数中心性，媒介中心性，近接性，
　　　　 PageRank の計算式 ……………………………… 156

索　引 ……… 160

第1章 序　論

本章では，サービス分野の生産性，品質，顧客満足度の向上の必要性に触れたのち，サービスの特性と定義について確認する．その上で，今まで製造業で培った品質管理のモノの考え方，特に"客観的データ（事実）に基づく管理"をサービス分野に適用する必要性，数値化とデータ解析の活用の有効性について論じる．

1.1　日本のサービス分野の現状

現在，日本のサービス産業の GDP や雇用者に占める割合は約 70％である（表 1.1 及び表 1.2 参照）．しかし，GDP シェアで見ると，日本のサービス産業の割合は世界全体とほぼ同水準であり，米国，フランス，英国，ドイツの水準を下回っている．雇用者シェアについては，英国，米国と日本との差は一層顕著である．さらに，少子高齢化に対応したサービス需要の拡大，製造業を中心に業務のモジュール化が進むことによるアウトソーシングの拡大，製造業自体のサービス化などの構造の変化を背景に，今後もサービス産業，更には製造業のサービス部門を含めたサービス分野[*1]（脚注[*1]は次ページ）の重要性は高まり，一層の市場拡大が見込まれる［経済産業省『通商白書 2007』[1)]］．

表 1.1 名目 GDP に占めるサービス産業名目付加価値シェアの推移

単位 %

	1980 年	1990 年	2000 年	2003 年
日　　本	55.3	58.2	66.3	68.2
米　　国	63.6	70.1	74.6	76.5
英　　国	55.4	62.9	70.4	72.8
ド イ ツ	56.5	60.8	68.5	70.1
フランス	62.6	69.6	74.3	75.9
韓　　国	47.3	49.5	54.4	57.2
中　　国	21.4	31.3	39.3	41.5
シンガポール	60.5	64.9	62.8	66.0
タ　　イ	48.1	50.3	49.0	46.2
イ ン ド	36.6	41.1	50.0	52.5
世界全体	55.9	61.1	67.0	68.5

(資料　世界銀行"WDI"から作成)

[出典　通商白書 2007：第 3-1-1 図　名目 GDP に占めるサービス産業名目付加価値シェアの推移, 経済産業省]

表 1.2 雇用者に占めるサービス産業の雇用者のシェアの推移

単位 %

	1990 年	1995 年	2000 年	2005 年
日　　本	58.2	60.4	63.1	66.4
米　　国	70.7	72.9	74.3	77.8
英　　国	64.8	70.1	72.8	76.3
ド イ ツ	－	60.8	64.1	67.8
韓　　国	46.7	54.2	61.2	65.1
中　　国	9.9	12.2	12.7	－
シンガポール	－	67.9	65.4	69.6
タ　　イ	22.4	28.8	32.9	37.1

(資料　世界銀行"WDI"から作成)

[出典　通商白書 2007：第 3-1-2 図　雇用者に占めるサービス産業の雇用者のシェアの推移, 経済産業省]

[*1] 本書では，サービス分野を，日本標準産業分類（2002 年 3 月改定）における H 情報通信業，I 運輸業，J 卸売・小売業，K 金融・保険業，L 不動産業，M 飲食店，宿泊業，N 医療，福祉，O 教育，学習支援業，P 複合サービス事業，Q サービス業（他に分類されないもの）のみでなく，製造業などの他の産業でのサービスを提供する部門を含めて考える．

一方で,グローバルな視点で見ると,日本のサービス分野における生産性や品質,顧客満足度の水準は高いとは言えず,これらの向上の必要性が指摘されている.サービス分野では,科学的・工学的手法の適用,論理的なモノの考え方の活用がまだ十分とは言えず,現在もなお,経験と勘に頼るマネジメントが行われていることが珍しくない.そのような課題に対して,製造業を中心として発展した品質管理的な見方・考え方,特に,客観的データ(事実)に基づく管理,統計的手法の活用を,サービス分野においても進めていく必要がある.

1.2 サービスの特性と定義

サービスの問題を扱うために,サービスの特性と定義について考えることにする.サービスの特性は,今までの多くのサービス・マーケティングの文献[2]~[4]で紹介されている.ここでは,表1.3に示すように,モノの特性と対比しながら,"無形性","同時性",

表 1.3 サービスとモノの特性による比較

特 性	サービス	モ ノ
無形性	無 形	有 形
同時性	サービス提供と消費が同時に行われる. 顧客とサービス提供者の相互作用によりサービスが生じる.	生産と消費が別々に行われる.
異質性	水準が均質に保てない. 異質である.	水準が均質に保てる.
消滅性	在庫できない.	在庫できる.

"異質性","消滅性"の観点でのサービスの特性を説明する．

(1) 無形性

サービスは，モノとは異なり，物質的な実体がない．つまり無形である．このため，明確なイメージをもつことが難しい．このような無形性（イメージがつかみ難い）という特徴がサービスの評価を困難にしている．無形の度合いが高いサービスの品質のよし悪しの評価は，将来的に顧客心理に関する測定技術［例えば，fMRI（磁気共鳴機能画像）などの脳科学計測技術に基づくニューロマーケティング手法］の発展と活用が期待されているものの，現状では，サービスの受け手である顧客の知覚的な評価（アンケート調査など）に頼らざるを得ない．

多くの商品は有形と無形の両方の要素を兼ね備えているが，サービスにおいては無形要素の割合が高い．例えば，レストランにおいては，料理という有形要素は重要であるが，店内の雰囲気，従業員の接客態度などの無形要素も非常に重要である．

(2) 同時性

サービスの提供プロセスにおいて，サービス提供者と顧客の両方が同時に存在しなければならない．さらに，サービスは提供されると同時に消費され，消費者である顧客とサービス提供者が相互作用を与えることによってよいサービスが生まれる．

例えば，大学の講義では，教員が講義を行うと同時に，その学生はその講義を聞いて学ぶ．教員の熱意と学生の学ぶ姿勢が相互に作

用する．プロスポーツでは，選手はスタジアムで競技を行うと同時に，観客はそれを見て楽しむ．選手やチームの優れたパフォーマンスは観客に感動を与え，観客の声援は選手のモチベーションを高める．両者が作り出すスタジアムの雰囲気はよいサービスを生む．

(3) 異質性

サービスの品質は，モノほど均等に保てない．これは，サービス提供者のスキル，顧客の心理状態，天気や店の混み方などの環境要因により影響を受けるためである．また，顧客とサービス提供者との相互作用も影響する．サービス提供者は顧客の状況やニーズにより，意図的にサービス内容を変えていくものでもある．

例えば，大学の講義では，同じ科目の講義でも，年によって，受講生の反応，理解度，それに伴う教員の気分で説明内容が変わってくる．医療サービスにおいても，患者の症状により対応が変わる．患者の治したいという気持の強さも，医師の医療行為には影響する．このような背景から，モノと比較して，ばらつきを抑えることは難しく，あるいはばらつきに対する考え方も異なる．

(4) 消滅性

サービスは，モノと異なり，在庫できない．サービスは無形であり，生産と消費が同時に行われるためである．例えば，ホテルにおいて，ある日の空室状態は，売れ残りであり，価値を生じない．プロスポーツにおける，スタジアムの空席，レストランでの空いたテーブルについても同様である．

サービスの定義について，Gronroos は，無形性，同時性などの特徴を含めた包括的な定義を与えている[2),5)]．

> "サービスとは，無形性という特徴を少なからず備えた活動，若しくは一連の活動であり，通常は顧客がサービス提供者，物理的資源や財，及びサービス提供システムと相互作用を与えることによって生まれるが，必ずしもそのようにして生まれるとは限らない．サービスは，また，顧客の抱える問題に対する解決策として提供されるものである．"

また，サービスが経済活動であることを含めた定義は次のとおりである[2)]．

> "サービスは，無形であり，サービス提供者と消費者の相互作用を必要とするあらゆる経済活動である．"

なお，日本での"サービス"という言葉には，"サービス"を無償で，かつ付加的な提供物の意味合いでとらえられることが多い．しかし，ここでは"サービス"を"経済的活動"として位置付ける．すなわち，サービスを中核的な提供物とし，提供されたサービスに対して，顧客はその価値に相当する対価を支払うことを前提とする立場をとる．

1.3 無形性がサービス品質の評価にもたらすもの

前節ではサービスの特性として無形性という特性があることを述べた．この性質はサービスの質の評価に大きな影響を与える．例えば，サービスの購入前に，顧客自身によってサービスの質を評価す

ることは困難である．このことを理解するために，Zeithaml[6]による次の品質の分類が参考になる．

・探索品質：消費者が製品を購入する前に評価できる品質
・経験品質：製品の購入後に認識できる品質
・信頼品質：購入後も時間が経過しないと評価が難しい品質

サービス品質は主に"経験品質"及び"信頼品質"に該当する．顧客は，購入前（経験する前）にはそのサービスを評価するのは難しい，あるいは不可能な場合がほとんどである．さらに，医師のような専門家が提供する高度なサービスは，その受けたサービス行為や成果も顧客が理解することが困難であり，両者の間で情報の非対称性が存在するとされる．また，大学の教育サービスは，学生が卒業してから何年も経過しないとその教育効果がわからないものである．このような場合のサービスは"信頼品質"としてとらえることができる．

"無形なものを有形にする"，あるいは無形の度合いを少なくする方法はいつくか考えられる．顧客の立場からは，第三者の評価，既に利用経験がある顧客の意見（口コミ）が参考になる．そのことで，サービスに対するイメージ形成（サービスの見える化）ができる．また，ホテルやレストランなどの格付け制度，専門家の資格制度などは提供されるサービスの質を保証する機能を与える．サービスの評価結果の数値化は，顧客に対する有効な情報提供になる．例えば，顧客満足度指数［ACSI[7]，JCSI[8]］は，顧客にとって，サービスに関する情報の非対称性の解消，サービスの見える化に役立ち，購入の決定に有効となる．

1.4 品質管理のものの考え方, 手法の活用

製造業の分野で培われた品質管理のモノの考え方, 手法の活用は, 1.2節や1.3節で述べたような特性やそれによってもたらされる質の評価における制約をもつサービス分野でも有効に機能する. ここで, 品質管理の定義を確認しておく. JIS Z 8101：1981（1999年5月20日付で廃止）で次のように品質管理を定義付けている.

> "買い手の要求に合った品質の品物又はサービスを経済的に作り出すための手段の体系"

また, 『日本の品質を論ずるための品質管理用語85』[9]では, 次のように品質管理を定義している.

> "顧客・社会のニーズを満たす, 製品・サービスの品質／質を効果的かつ効率的に達成する活動"

すなわち, 品質管理では既に "サービス" も対象にしていることがわかる. 実際, 1980年代に, サービスの品質管理や非製造部門での品質管理という活動が盛んに行われた. 例えば, 1988年には "常磐興産株式会社 常磐ハワイアンセンター（現 スパリゾートハワイアンズ）" がデミング賞実施賞（事業部賞）を受賞している.

一方, それらの活動は一部のコミュニティ内で閉じている感があり, 品質管理の考え方, 手法の活用が, サービス分野全般に浸透したとは言い難い. その背景としては, 1.2節で述べたようなサービスの特性（特に無形性）に伴う, 品質管理の考え方・手法を活用する上での困難さ, サービス分野に従事する人々のデータ分析に関するリテラシーの問題, 科学的・合理的な方法論の活用に対する意識

の問題があると考えている．

サービスにはモノとは異なる特性があるので，品質管理の考え方・手法の活用の仕方には工夫を行ったり，具体的な事例を作り上げていったりする必要がある．ここでは，一般的によく言われている，品質管理の考え方がサービス分野でも有効に機能するかどうかを見ていく．

(1) 顧客指向，品質第一

サービス分野においては，フロントヤード，すなわち，顧客との接点の場面が多く，顧客指向という意識は既に存在している．品質や顧客満足度の向上についてもかなりの優先順位の高さで実施されている．一方で，顧客ニーズ，サービス品質の水準をどのように把握するかが課題である．

(2) 後工程はお客様

サービスにおいては，フロントヤード（顧客と直接接する部門）とバックヤード（顧客と直接触れることのない部門）がある．様々な段階のサービスプロセスを経て，サービスが顧客に提供される．"後工程はお客様"という意識が，組織の雰囲気をよくし，最終顧客に質の高いサービスを提供することになる．

(3) 標準化

サービスの特性の"異質性"において述べたように，サービス品質は均等に保てない．ただし，サービス提供者のスキルの要因につ

いては，標準化という行為である程度ばらつきを抑えることが可能である．例えば，世界中で展開されているファーストフードのマクドナルドのサービスは，標準化を導入して，作業手順，接客の仕方などを統一し，品質の水準の確保と安定を図ることで成果を上げている．

一方，サービス提供の場面において，顧客のニーズ，環境が日々変わることや顧客とサービス提供者の相互作用から，画一的な標準化ができない点に注意を要する．経験知の高い従業員は，それらを判断し，的確に処理をすることから，そのような暗黙知を形式知に変換することがサービス分野の標準化の大きな課題である．

(4) PDCAなどの管理のサイクル

モノやサービスに関係なくすべてのビジネス領域において，PDCA（Plan, Do, Check, Act）などの管理のサイクルを回していくことは必要不可欠である．

例えば，レストランでの"待ち時間の短縮"という課題に対して，Planでは"目標の待ち時間"を設定する．Doでは実際に待ち時間を測定し，Checkにおいて"実際の待ち時間"が"目標の待ち時間"に一致しているかどうかを判定する．一致していない場合には，Actにおいて，目標に到達するための処置をとり，再度Planのステップに戻る．このような一連のステップを回すことで待ち時間の短縮（サービス品質の向上）を図る．

日本の製造業における，PDCAに基づく継続的な改善活動に対する熱意は非常に高く，相当な成果を上げている．サービス分野に

もこのような文化が普及していくと、サービスの生産性・品質は確実に向上する．

(5) 重点指向

取り組むべき課題について，優先順位が高い（効果がある）ところから処置を行う．これもすべてのビジネス領域において重要な考え方であり，いかに合理的な優先順位付けを行っていくかが課題である．レストランの"待ち時間の短縮"の例では，待ち時間の要因の洗い出しとそれらの効果の見積りを行い，効果の大きい要因から処置をとる．

また，設備・サービスの改善項目をどのように選択するかという課題では，顧客の重視度と満足度を同時に考慮し，顧客が重視し，かつ不満に感じている項目から優先的に改善していくという考え方がある．QC七つ道具の一つであるパレート図はサービス分野においても有効な手法である．

(6) 客観的データ（事実）に基づく管理

サービスの無形性という性質から，サービスに関連する特性の数値化はモノと比較すると難しい面がある．しかし，組織活動を行う以上，経験と勘のみに頼ることはできない．

例えば，スポーツクラブチームのファン感謝祭の開催の提案について，"ファンが感謝祭の開催を希望する声をよく聞く"という経験のみで主張するよりは，アンケートを実施し，"ファンが感謝祭の開催を希望する割合"を調査して数値で示すほうが説得力がある．

数値データは組織決定の有力な根拠材料になる．サービス分野においても，意識次第で，関連データを収集し，解析することが可能である．

1.5 手法の活用についてはどうであろうか

日本の品質管理の成功要因として，手法の活用がある．QC 七つ道具，新 QC 七つ道具，商品企画七つ道具，統計解析・多変量解析・実験計画法などの統計的手法，QFD，パラメータ設計など，品質管理の発展とともに多くの手法が開発され体系化された．

サービスの分野においても有効に機能するものが多数あると思われる．例えば，QC 七つ道具の中の特性要因図，新 QC 七つ道具などの言語データを扱う手法は比較的容易にサービス分野に適用できる．"待ち時間の短縮"の例では，特性要因図を活用することで，待ち時間を増加させる要因の候補を合理的に抽出できる．QFD における"品質表の展開"を用いれば，顧客のニーズを的確に反映したサービス提案を行うことが可能になる．

しかし，数値データを扱う手法の適用については，注意・工夫が必要である．例として，苦情件数，遅れの割合を管理図によりモニタリングすることが考えられる．このようなサービスの特性値は製造現場での製品の品質特性値の想定とは異なるため，管理図をサービスに適用するためには，データの加工やプロットの仕方，管理限界の考え方をあらためて検討する必要がある．また，サービス分野では質的データの扱いが多くなるが，従来の品質管理の手法ではそ

のあたりの手法の整備が不十分である．

このように，サービスの特性を考慮しながら，サービス品質向上のための手法の整備・体系を行うことが今後の課題と言える．

1.6 数値化とデータ解析の活用

品質管理の手法をサービス分野に提供する場合，数値化をどうするかが課題となる．サービスの無形性という性質から，サービスに関連する特性の数値化はモノと比較すると難しい面がある．しかし，全く数値化できないわけではなく，顧客属性，顧客の行動，販売履歴データなどは比較的容易に数値化できる．また，品質特性についても，サービスの提供にかかる時間，待ち時間，苦情件数など数値化できるものが多く存在する．顧客の知覚に基づく測定方法ではあるが，サービス品質，顧客満足度，顧客ロイヤリティの測定方法についても体系的な方法が既に提案されている．さらに，自由記述式質問項目などにおけるテキストデータも活用できる．1.2節の(1) 無形性（16ページ）のところで述べたように，将来的にはニューロマーケティング手法による顧客心理特性の測定も興味深い．

数値化に加えてデータ解析の手法も課題となる．例えば，テキストデータについては，近年広まっているテキストマイニング手法を活用することにより，出現頻度の高い単語（主要語）の抽出，係り受け解析（文節間の主語と述語の関係などの係り受けを判定する技術）を考慮した共起分析（同時に出現する頻度が高い単語の分析）を実施することで，顧客の声を客観性をもって集約化することが可

能である．本書の第6章で紹介するネットワーク分析手法も質的なデータから因果関係を抽出する有効な手法である．

サービスの分野においては，経験や勘に基づく管理がまだ一般的に行われている．サービスに対して，もっと"事実に基づく管理"，"客観的データの活用"という意識をもつことが必要とされており，そのような文化を創造していくべきであると考える．

なお，本章の内容の一部は鈴木[10]の内容に基づいている．

参 考 文 献

1) 経済産業省(2007)：通商白書 2007
   経済産業省HP：http://www.meti.go.jp/report/tsuhaku2007/index.html
   （最終アクセス 2011 年 1 月）
2) バート・ヴァン・ローイ，ポール・ゲンメル，ローランド・ヴァン・ディードンク編，白井義男監修，平林祥訳 (2004)：サービス・マネジメント―総合的アプローチ(上)，ピアソン・エデュケーション
3) 戸谷圭子(2006)：リテール金融マーケティング，東洋経済新報社
4) 山本昭二(2007)：サービス・マーケティング入門，日本経済新聞出版社
5) Gronroos, C. (1990): Service Management and Marketing: Managing the moments of truth in service competition. Lexington: Lexington Books
6) Zeithaml, V.A. (1981): How consumer evaluation processes differ between goods and services in Donnelly, J. H. and George, W. R. (eds), Marketing of Services, American Marketing Association, pp. 186-190
7) ACSI 公式 HP：http://www.theacsi.org （最終アクセス 2011 年 1 月）
8) サービス産業生産性協議会 HP － JCSI のご案内：
   http://www.service-js.jp/jcsi/test_page0800.php （最終アクセス 2011 年 1 月）
9) (社)日本品質管理学会監修(2009)：JSQC 選書 7 日本の品質を論ずるための品質管理用語 85，日本規格協会
10) 鈴木秀男(2010)：顧客満足度向上のための手法―サービス品質の獲得―，日科技連出版社

第2章 サービス品質，顧客満足，顧客ロイヤルティ

本章では，サービス品質，顧客満足，顧客ロイヤルティの概念，測定方法，それらの因果関係について述べる．これらは主にサービス・マーケティングの分野でのフレームワークであるが，サービスに関連する数値化を行う際には理解しておくことが必要不可欠である．

2.1 サービス品質

サービスを管理していくためには，サービス品質を認識する必要がある．モノの品質特性については，寸法，重さといったように数値化が容易であり，規格との合致度やばらつきの大きさで品質の水準を客観的にとらえることができる．一方，第1章で述べたとおり，サービスの無形性という特徴から，サービスの品質特性をモノの品質特性のように客観的にとらえることは容易ではない．サービス提供までの時間，苦情の件数のように数値化できるモノがあるが，それのみでサービス品質の水準をとらえることは難しい．現状では，知覚品質，すなわち顧客（サービス利用者）の評価に頼らざるを得ない．

我々は，日常的に，"あの店のサービスの質はよい"，"○○さん

は仕事がよくできる"というように,サービス品質の評価を知覚に基づき行っている.このような評価をする際には何らかの評価基準をもっているはずであり,それらを一般化することである程度の客観性を確保することができる.ここでは,サービス品質を次のように考える.

"ある者(企業又は組織)が提供したサービスについて,顧客が今までの経験と認識に基づいて行う評価"

よく知られたサービス品質評価の測定方法として,Parasuramanら[1]によって開発されたSERVQUALがある.これは,知覚での評価の際には,暗黙的に期待をもちながら,それを基準にしてよし悪しを判断することが多いと考えられるため,実績と経験からサービス品質の差で評価をとらえようとするところに一つの特徴がある.

信頼性,反応性,確実性,共感性,有形性という五つの次元で評価を測定する.SERVQUALについては第3章で詳しく述べる.

2.2 顧客満足

サービスの評価として"顧客満足"(又は顧客満足度)という概念がサービスではよく使われる.一般に,顧客満足は次のように定義されている[2].

"企業,製品,若しくはサービスに対する顧客の期待と,それらの達成度に対する顧客の知覚の差によって生じる感情"

すなわち,顧客が満足するかどうかは,知覚されたサービスが期待を超えるかどうかで決まることなる.また,Zeithaml

ら[3]は,期待には"望ましいサービスのレベル"(The Level of Desired Service)と"妥当的なサービスのレベル"(The Level of Adequate Service)に相当する2種類のレベルがあるとしている. 図2.1に示すように,"望ましいサービスのレベル"は顧客がこうあるべきと考えるレベルであり,"妥当的なサービスのレベル"は,顧客が許容できる最低限のレベルである.この2種類のレベルの間の範囲が許容レベルであり,顧客は満足しているか不満でない状態のゾーンとなる."望ましいサービスのレベル"を上回るサービスが提供されたと顧客が認識した場合は,顧客は大変満足する,あるいは感動や歓喜するといった状態になるとされる.

例えば,レストランにおいて,"安いが料理の味はまあまあ,店

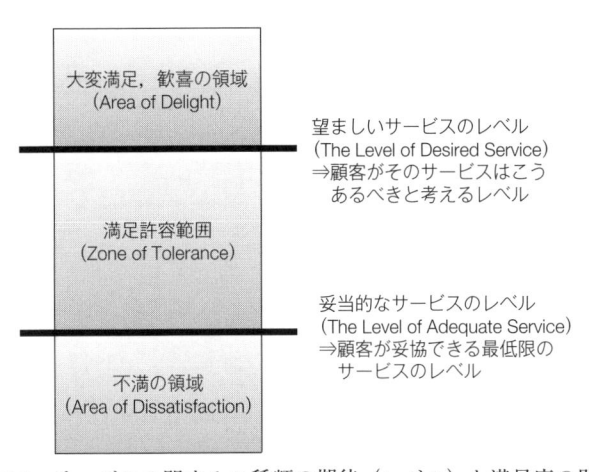

図 2.1 サービスに関する2種類の期待(レベル)と満足度の関係
[資料 Zeithaml, V.A., Bitner, M.J. and Gremler, D.D.(2006): Service Marketing: Integrating Customer Focus Across the firm.-4th ed., MacGraw-Hill/Irwin,図4.4を加筆・修正]

の雰囲気も悪くはない，しかし注文した料理の提供時間が短い"ことが，ある顧客の妥協的サービスのレベルかもしれない．また，"高額ではあるが，料理の味は非常によい，店の雰囲気は落ち着いていて高級感がある，スタッフの接客対応も優れている"がその顧客にとっての望ましいサービスのレベルであるかもしれない．

定義より明らかなように，顧客満足は，サービスのレベルだけでなく，期待のレベルにも影響されることになる．ここで，当然のことながら，期待は顧客により異なる．期待は，顧客の今までの経験や得られる情報により形成される．したがって，サービス提供者（企業又は組織）が，顧客期待をコントロールすることも重要な課題と言える．

本書では，サービス品質と顧客満足について次のように考える．サービス品質は，短期的で，サービスの全体の中のある限定された要素についての評価とする．また，顧客満足は，長期的であり総合的な評価としてとらえる．2.4節で述べるが，両者の因果関係は，サービス品質が原因系で，顧客満足が結果系としてとらえる．

2.3 顧客ロイヤルティ

最近は，顧客ロイヤルティという概念が重視されつつある．Reichheld[4]は，顧客ロイヤルティを次のように定義している．

> "顧客ロイヤルティとは，顧客がその企業から継続的に製品やサービスの提供を受けたい，購入したいと望む，顧客の意志のことである．"

顧客ロイヤルティは，行動的側面のロイヤルティと態度的（あるいは心理的）側面のロイヤルティの二つを考えることができる．前者は，実際に顧客がその企業の製品・サービスを購入・利用するかという側面である．また，後者は，顧客が企業あるいはその企業の製品・サービスに対して抱く忠誠心，愛着，好意，一体感などの態度の側面である．Dickら[5]は，ロイヤルティの二つの側面から，顧客ロイヤルティの状態を表2.1に示すように四つに分類した．

例えば，あるプロ野球チームに対して強い愛着をもち，実際に高頻度でチケットを購入して球場に足を運ぶファンは，そのチームに対して"真のロイヤルティ"をもつファンと言える．このような"真のロイヤルティ"をもつファンを増やすことが球団（サービス提供企業）の目標となる．一方で，テレビ，新聞などを見るのみで応援して，球場に足を運ぶことはほとんどしないファンは，"潜在的ロイヤルティ"のファンとなる．このような人々は，潜在の顧客であり，新規顧客獲得のためのターゲット層とするべきである．また，職場の同僚や友人の付き合いで球場に行く人は"見せかけのロイヤルティ"となる．このような顧客は，制約がなくなれば他にスイッチする可能性が高いので注意を要する．

表 2.1 顧客ロイヤルティの分類

		行動的側面	
		高	低
態度的側面	高	真のロイヤルティ	潜在的ロイヤルティ
	低	見せかけのロイヤルティ	低いロイヤルティ

[出典 Dick, A.S., and Basu, K. (1994): Customer Loyalty: Toward an Integrated Conceptual Framework, Journal of the Academy of Marketing Science, 22 (2), pp.99-113]

顧客ロイヤルティは，購入意向，実際の購入金額・購入回数などの実際の行動で測定される．また，Reichheld[4]は，顧客ロイヤルティは"この企業（製品・サービス）を友人や同僚に推奨したいと思いますか"という質問，すなわち"他人への推奨意向"で効果的に測定でき，他人へ推奨の度合いが高ければ企業の成長性につながると主張している．本当にその企業の製品・サービスに愛着があり，よいと思っているからこそ推奨するのであるから，他人への推奨意向のほうが，"真のロイヤルティ"の度合いを測定できる．また，他人への推奨はポジティブな口コミを行うことであるから，新規顧客の増加につながる．したがって，"顧客ロイヤルティ"は経営成果との関連性が非常に強く，総合評価として有効である．

2.4　サービス品質，顧客満足，顧客ロイヤルティの関係

サービス品質，顧客満足，顧客ロイヤルティは図 2.2 に示すような因果関係があるとされる［Zeithamlら[3]，鈴木[6]］．すなわち，まず，各サービス要素のよし悪し（サービス品質）の評価が全体としての満足感（顧客満足）を与えるかどうかにつながる．また，全体的に満足感を抱くかどうかが，再購入意向や推奨意向に関係してくる．このように，サービス品質→顧客満足→顧客ロイヤルティの一連の関係のパスでとらえ，更にその先の経営成果にどのように結び付けていくかを考えていく必要がある．

なお，総合評価的な総合満足度の測定方法として，ACSI (American Customer Satisfaction Index) モデルがある（ACSI

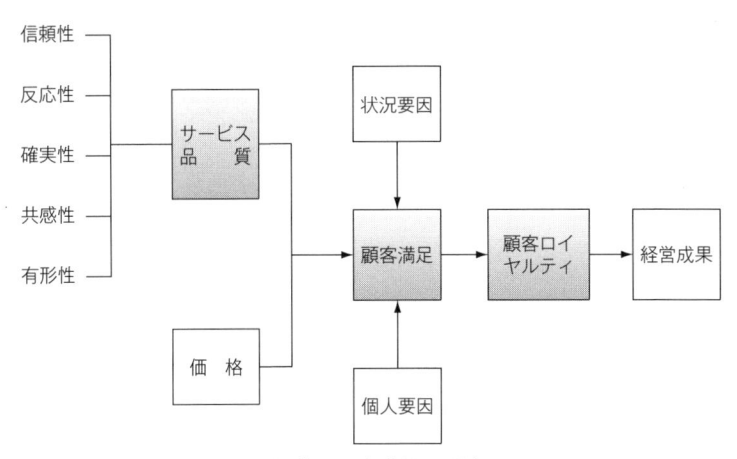

図 2.2 サービス品質，顧客満足，顧客ロイヤルティの因果関係の概念図

(資料 Zeithaml, V.A., Bitner, M.J. and Gremler, D.D.: Service Marketing: Integrating Customer Focus Across the firm.-4th ed., MacGraw-Hill/Irwin, 2006, 図 5.1 を加筆・修正)

[出典 鈴木秀男(2010)：顧客満足度向上のための手法―サービス品質の獲得―, 日科技連出版社, p.17, 図表 1.10]

公式 HP)[7]．これは，顧客期待，知覚品質，知覚価値，顧客満足，顧客苦情，顧客ロイヤルティの六つの構成概念（15個の評価項目）からなる因果モデルを構築し，そのモデルにおける顧客満足の構成概念スコアを顧客満足度スコアとして求める方法である．ACSI については第 4 章で述べる．

2.5 サービス・プロフィット・チェーン：従業員満足とサービス品質の関係

Heskett ら[8]は，図 2.3 のようなサービス・プロフィット・

チェーンの体系を示した．これは，内部サービスの品質要素から，提供されるサービス・コンセプト，顧客評価（外部品質の成果）及び経営成果に至るまでの一連の関係性を表している体系図である．内部サービスの質要素では，内部のサービス提供システムの品質（職場・職務設計，育成など）が従業員満足に影響を与え，従業員満足が従業員定着率や生産性に寄与する．さらに，内部サービス品質要素の高さが，価値の高いサービスを顧客に提供することになる．サービスにおいては従業員満足が中核的な要素と言える．多くのサービス分野では，従業員と顧客との接点，相互のやりとりが重要になる．

例えば，従業員満足度が高ければ，それだけモチベーションを高めて顧客とも接することができるし，中長期的には，その企業に定着することで，経験値・スキルを高めていき，信頼性，迅速性，確

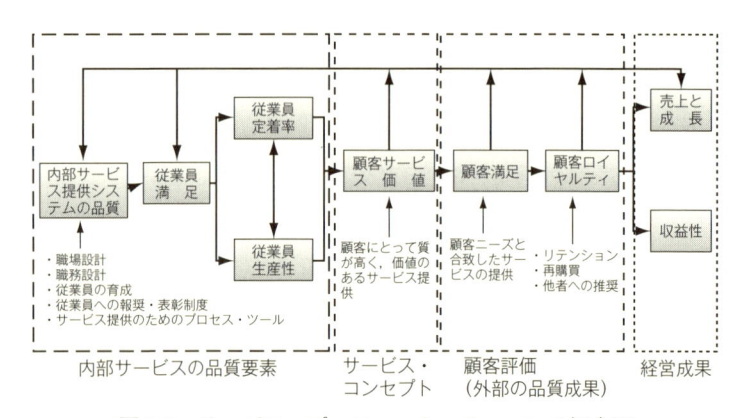

図 2.3 サービス・プロフィット・チェーンの概念図

［資料 Heskett, J.L., Jones, T.O., Loveman, G.W., Sasser, W.E. and Schlesinger, L. (1994): Putting the Service Profit Chain to Work, Harvard Business Review, Mar-Apr, pp.164-174 を加筆・修正］

実性,共感性,有形性といった部分の強化につながり,結果として質の高いサービスの提供につながる.

外部品質の成果及び経営成果への影響については,前節で説明したとおりである.

参 考 文 献

1) Parasuraman, A., Zetihmal, V.A. and Berry, L. (1988): SERVQUAL: Multiple-Item Scale for Measuring Consumer Perceptions of Service Quality, Journal of Retaling, 64, 1988, pp.12-40
2) バート・ヴァン・ローイ,ポール・ゲンメル,ローランド・ヴァン・ディードンク編,白井義男監修,平林祥訳(2004):サービス・マネジメント―総合的アプローチ(上),ピアソン・エデュケーション
3) Zeithaml, V.A., Bitner, M.J. and Gremler, D.D. (2006): Service Marketing: Integrating Customer Focus Across the firm.-4th ed., MacGraw-Hill/Irwin
4) Reichheld, F.F. (2003): The One Number You Need to Grow, Harvard Business Review, Dec, pp.46-54
5) Dick, A.S., and Basu, K. (1994): Customer Loyalty: Toward an Integrated Conceptual Framework, Journal of the Academy of Marketing Science, 22 (2), pp.99-113
6) 鈴木秀男(2010):顧客満足度向上のための手法―サービス品質の獲得―,日科技連出版社
7) ACSI公式HP:http://www.theacsi.org(最終アクセス2011年1月)
8) Heskett, J.L., Jones, T.O., Loveman, G.W., Sasser, W.E. and Schlesinger, L. (1994): Putting the Service Profit Chain to Work, Harvard Business Review, Mar-Apr, pp.164-174

第3章 サービス品質の測定

本章では,サービス品質の測定のためのフレームワークについて説明する.一つは,よく知られたサービス品質評価モデルのSERVQUAL(Service Quality の略)を取り上げる.SERVQUALは,Parasuraman, Zeithaml and Berry [1] によって開発されたサービス品質評価方法で,五つの次元(又は構成概念),すなわち信頼性,反応性,確実性,共感性,有形性でサービス品質を評価測定するものであり,これらの考え方と尺度について示す.また,SERVQUALに基づくガソリンスタンドのサービス品質評価の分析事例を紹介する.

二つ目のモデルとして,Brady, Cronin ら [2] が提案した,3層からなる階層的サービス品質評価モデルについて説明する.これは,上位階層の構成概念として,"相互品質","物理的環境品質","成果品質"からなる.また,階層的サービス品質評価モデルのコーヒーショップのサービスへの適用事例を紹介する.

3.1 サービス品質の測定:SERVQUAL

モノの品質とは異なり,サービスでは品質の定義が難しい.サービス提供側の視点からの物理特性として測定することは難しく,多

くは顧客の知覚品質（Perceived Quality），すなわち，顧客が感覚的にとらえた品質で認識されることが多い．知覚に基づく品質評価においてある程度の妥当性・客観性を確保するためには，どのような尺度・項目で評価してもらうかが重要になる．非常によく知られたサービスの品質評価として SERVQUAL がある．SERVQUAL では，次の五つの構成概念に基づき評価測定が行われる．

- 信頼性（Reliability）：約束したサービスについて，正確に実行する能力
- 反応性（Responsiveness）：サービスを実施する上での従業員のやる気と迅速性
- 確実性（Assurance）：従業員の知識や礼儀正しさ，信頼感と安心感を生む能力
- 共感性（Empathy）：企業が示す，顧客への個人的な配慮と世話
- 有形性（Tangibles）：サービス提供企業の施設，設備，従業員の服装など

各構成概念の詳しい説明は次のとおりである［Zeithaml, Bitner, Gremler[3]，鈴木[4]らに基づき編集・加筆］．

(1) 信頼性：約束を果たすこと

信頼性は，約束したサービスを正確に実行する能力として定義される．五つの構成概念の中で，信頼性はサービス品質の知覚の最も重要な決定要素であるとされている．顧客にとっては，サービスに関する約束，特にサービスの成果，中核的なサービスの属性に関す

る約束をきちんと果たす企業と取引を行うことを望む.顧客が中核であると考えているサービスを提供しない企業は顧客を失望させてしまう.

例えば,自分の部下やサポートしてくれるスタッフのことを思い浮かべてほしい.依頼した業務に関する約束をきちんと果たすかどうか,約束した納期を守るかどうかは評価ポイントとして極めて重要度が高い.

(2) 反応性：進んで手助けを実行し,迅速なサービス提供を行うこと

反応性は,顧客に対して進んで手助けを行い,迅速にサービスを提供することに関する特性として定義される.本構成概念では,顧客の要望,質問,苦情,問題を処理する際の思いやりと迅速性を強調している.顧客は,サポートを受ける際の待ち時間,質問に対する応答時間,問題への関心を寄せる時間等の長さによって,反応性を認識する.反応性は,また,サービスを顧客ニーズに合わせる能力も含まれている.

自分の部下やサポートしてくれるスタッフの例では,進んで自分をサポートしてくれるのか,依頼した業務を快く引き受けてくれるのか,依頼した業務を終えるのにかかる時間はどのぐらいかという要素に相当する.

(3) 確実性：信用を与えること

確実性は,従業員の知識,礼儀正しさ,信頼を励起する従業員と

企業の能力によって定義される．本構成概念は，特に顧客がハイリスクであると感じるサービス，あるいは，成果に対して不確実性があると感じるサービス（例えば，銀行，保険，医療，不動産，法律）にとって非常に重要である．信頼は，顧客と企業との接点にあたるスタッフ（例えば，証券ブローカー，保険の代理店，弁護士，コンサルタント）によって具体化される．

　自分の部下やサポートしてくれるスタッフの例で言えば，仕事に関する専門知識・スキル，礼儀正しさがどうであるかである．

(4) 共感性：顧客に個々に対応すること

　共感性は，企業が顧客に提供する個人的な配慮や注意に関する特性として定義される．共感性の本質は，カスタマイズされたサービスにより，"顧客はユニークであり，特別な存在であり，顧客のニーズを理解している"という従業員の意識を伝えることである．顧客には，サービスを提供する企業に自分のニーズを理解してもらいたい，また，その企業にとって自分が重要であると感じてもらいたいという思いがある．小さな企業の従業員は，顧客を名前で認識することができ，また，顧客の要求や好みをきちんと把握して非常によい関係を構築することができる．中小企業が大企業と競争的な関係にある状況では，共感性に関する能力が中小企業に明確な優越性があることから，この要素を強みにしていくべきである．

　自分の部下やサポートしてくるスタッフの例では，こちらの意図や要望を，その部下・スタッフがきちとんと理解しているかどうかという点に相当する．

(5) 有形性：サービスにおいて物理的に表せるもの

有形性は，物理的な施設の外観，設備，従業員の身なりや態度，コミュニケーションのためのツールやパンフレットなどの特性として定義される．顧客，特に新規顧客がその企業のサービスの品質を評価する際に，有形性の部分は，非常に明確な印象を与えることになる．有形性を重視するサービス業としては，レストラン，ホテル，小売店，娯楽業など，顧客がその施設に来場してサービスを受ける"おもてなしサービス"が挙げられる．

有形性は，印象を強めるため，また，サービス品質のよさを顧客に印象的に伝えるためによく利用されるが，サービス品質戦略を効果的に実行するために，有形性と他の構成概念を組み合わせていく必要がある．例えば，反応性と有形性を考慮することで，迅速，かつ効率的なサービスと快適で清潔な空間を提供することになる．一方で，有形性を軽視してしまうと，他のサービスの構成概念のレベルが高くても，全体的な顧客評価を損なうことにつながる．

自分の部下やサポートしてくれるスタッフの例では，その部下・スタッフの服装，言葉遣い，態度などになる．つまり，外見のよさが，他の要素の評価の高さにもつながる可能性がある．

具体的な各構成概念とその尺度項目を表3.1に示す．これらはZeithaml, Bitner, Gremler[3]において紹介されている尺度である．調査により，対象企業について，これらの項目の知覚されたレベルを調べる．その上で，"知覚品質（成果）−期待"によって品質を表す数値を算出する．具体的な測定方法は，これらのすべての項目について，期待の度合いを評価してもらう．その後，これらすべ

表 3.1 SERVQUAL の五つの構成概念と 22 の尺度項目

信頼性
1. XYZ 企業は，特定の期日時間までに行うと約束したことは，必ずそのとおりに遂行する．
2. XYZ 企業は，あなたが何か問題を抱えたときは，心からの関心をもって解決を手助けしてくれる．
3. XYZ 企業は，最初からサービスをきちんと遂行できる．
4. XYZ 企業は，約束した時間どおりにサービスを供給できる．
5. XYZ 企業は，正確に記録している．

反応性
1. XYZ 企業は，いつサービスが行われるか顧客に正確に表明している．
2. XYZ 企業の従業員は，あなたに適時のサービスを提供している．
3. XYZ 企業の従業員は，いつでも進んであなたの手助けを行う．
4. XYZ 企業の従業員は，忙しさにかまけてあなたの要望に応えられないということはあり得ない．

確実性
1. XYZ 企業の従業員の行動は，あなたに信頼感を与える．
2. XYZ 企業とのやり取りに安心感をもつ．
3. XYZ 企業の従業員は，あなたに対し礼儀正しく接する．
4. XYZ 企業の従業員は，あなたからの質問に答えることのできる十分な知識を持っている．

共感性
1. XYZ 企業は，あなたに個別の目配りをしている．
2. XYZ 企業の従業員は，あなたに直接の人的な目配りをしている．
3. XYZ 企業は，あなたが最も興味のある点を理解している．
4. XYZ 企業の従業員は，あなた特有のニーズを理解している．
5. XYZ 企業は，すべての顧客にとって便利な営業時間を採用している．

有形性
1. XYZ 企業は，最新の設備を備えている．
2. XYZ 企業の物理的な施設は，外見上も魅力的である．
3. XYZ 企業の従業員は，身なりや態度も洗練されている．
4. XYZ 企業のサービスに関連する各種用具は，よく工夫され，見栄えがよい．

[資料 Zeithaml, V.A., Bitner, M.J. and Gremler, D.D. (2006) : Service Marketing: Integrating Customer Focus Across the firm.-4th ed., MacGraw-Hill/Irwin に基づき作成]

[出典 鈴木秀男(2010)：顧客満足度向上のための手法—サービス品質の獲得—，日科技連出版社，p.48，図表 3.1]

ての項目について，今度は，サービス利用後の知覚品質（成果）の評価をしてもらう．そして，同項目間の実績と期待の差をサービス品質測定値とするものである．

なお，対象となるサービスによって，期待が明確に形成されなく，測定が難しい場合がある．このような場合については，尺度項目を知覚品質のみで測定する方法が Cronin, Taylor[5] により提唱されており，SERVPERF と呼ばれる．

SERVQUAL については，様々なサービス分野において適用が行われてきた．本尺度の五つの構成概念は，多くのサービス分野で重要ではあることは間違いない．一方で，残念ながら，SERVQUAL の尺度そのものが，すべてのケースに当てはまるというものではなく，その有効性が疑問視されることも少なくなかった．しかし，サービス分野を包括するサービス品質の測定方法として，今までのところ SERVQUAL に全く代わる方法は提案されていない．むしろ，Cronin, Taylor[5] の SERVPERF や Brady, Cronin[2] の階層的サービス品質評価モデルのように，SERVQUAL をベースにした評価モデルの発展が見られる．

筆者の考えとしては，SERVQUAL の五つの構成概念と 22 の尺度項目を参考に，対象のサービス分野の特性に応じて修正するという使い方がよいと考える．次節で示すガソリンスタンドの事例では，尺度項目をガソリンスタンド向けに若干変更している．

3.2 SERVQUAL の事例：ガソリンスタンド

(1) サービス品質の評価項目と調査概要

ガソリンスタンドのサービスについて，SERVQUAL の尺度項目に基づき，サービス品質を評価するための尺度項目を作成し，期待と実績の評価を行った．本調査は，筑波大学のプロジェクトにおいて実施されたものであり，2008年3月にインターネット調査で行われた[*2]．

回答者は，調査対象としている大手6社のガソリンスタンドについて利用した経験がある人で，合計2 207人である．回答者の属性を表3.2に示す．男性が67.1%，年代では30代と40代が合わせて72.8%の割合となっていることから，男性で30〜40代の利用者の意見が反映されたデータとなっている．

表3.3にガソリンスタンドのサービスに関するサービス品質評価のための尺度項目を示す．SERVQUAL の22の尺度項目をベースに，ガソリンスタンドに適用するために尺度の修正を若干行っている．

表3.3に記していないが，期待については，ガソリンスタンドのサービスとして期待する度合いを，各尺度項目について評価してもらった．評価尺度は7段階（1：全く期待していない〜7：非常に

[*2] 本調査データは，筑波大学（文部科学省委託事業"産学連携による実践型人材育成事業"）の"顧客志向ビジネス・イノベーションのためのサービス科学にもとづく高度専門職業人材育成プログラムの開発"プロジェクトの顧客データベースから提供されたものである．

3.2 SERVQUALの事例：ガソリンスタンド

表 3.2 ガソリンスタンド（GS）の調査の回答者の属性

(a) 性別

性別	人数	割合
男性	1 480	67.1%
女性	727	32.9%

合計　2 207

(b) 年代

年齢	人数	割合
10代	2	0.1%
20代	196	8.9%
30代	781	35.4%
40代	825	37.4%
50代	403	18.2%

合計　2 207

(c) 最も利用する GS

GS 社名	人数	割合
I 社	419	19.0%
ES 社	287	13.0%
EN 社	633	28.6%
C 社	319	14.5%
J 社	318	14.4%
S 社	231	10.5%

合計　2 207

期待している）である．例えば，信頼性の項目1を取り上げると，ガソリンスタンドに対して"あなたが抱える問題を，親身になって解決しようとする"ことの期待度を7段階で評価してもらった．

知覚品質については，表3.3に示すように，回答者が最も利用するガソリンスタンドを対象に，各尺度項目について評価してもらった．評価尺度は7段階（1：全くそう思わない～7：非常にそう思う）である．信頼性の項目1の例では，最も利用しているガソリンスタンドに対して"あなたが抱える問題を，親身になって解決しようとする"ことの実際の度合いを7段階で評価してもらった．

また，表3.3には，回答者全体の知覚品質の評価の平均値と標準偏差を示している．信頼性，反応性，確実性について，平均値がおおむね4.0を超えていることから，比較的高いと言える．

表 3.3 ガソリンスタンドのサービスに関する SERVQUAL に基づいたサービス品質（知覚品質）測定結果(取り上げた GS 6 社の利用者の全体の評価，全体のサンプル数：$n=2\,207$)

(a) 各構成概念を構成する項目内容とそれらの評価（評価尺度は7段階 "1：全くそう思わない～7：非常にそう思う"）

項 目	知覚品質の評価 平均値	（標準偏差）
信頼性		
1 あなたが抱える問題を，親身になって解決しようとする．	4.04	(1.01)
2 約束した時間どおりに，必ずサービスを実施する．	4.27	(0.94)
3 約束したことは必ず実行する．	4.28	(0.96)
4 初めて訪れた場合でも，きちんとサービスする．	4.46	(1.03)
5 ミスをなくすように努力している．	4.30	(0.95)
反応性		
1 サービスが提供される時間を，きちんと顧客に知らせている．	4.23	(1.05)
2 従業員が，あなたに迅速にサービスを提供する．	4.34	(1.04)
3 従業員がいつも，進んであなたを助けようとする．	4.04	(1.04)
4 従業員が忙しすぎて，あなたの要望へ対応できないことはない．	4.06	(1.00)
確実性		
1 クレジットカードの扱いなど，安心して取引できる．	4.60	(1.10)
2 従業員の行動が，あなたに信頼感を与えている．	4.29	(1.04)
3 従業員が，あなたに対して常に礼儀正しい．	4.50	(1.05)
4 従業員が，あなたの質問に答えられるだけの知識を持っている．	4.22	(1.02)
共感性		
1 会社として，あなた個人に注意を払っている．	3.96	(1.04)
2 従業員の中に，あなたに個人に注意を払っている人がいる．	3.90	(1.12)
3 従業員が，あなた特有のニーズを把握している．	3.87	(1.08)
4 あなたの利益を最優先に考えている．	4.06	(0.97)
5 営業時間が，あなたにとって便利である．	4.84	(1.24)
有形性		
1 給油や洗車などの設備が最新鋭である．	4.20	(1.02)
2 パンフや説明書，ウェブサイトがわかりやすい．	3.91	(0.92)
3 パンフや説明書，ウェブサイトが魅力的である．	3.87	(0.92)
4 店舗の外観や内装が魅力的である．	4.06	(0.98)
5 従業員の身なりがきちんとしている．	4.52	(1.04)

(b) 各構成概念の項目間の Cronbach のアルファ係数

	信頼性	反応性	確実性	共感性	有形性
Cronbach のアルファ係数	0.913	0.851	0.859	0.822	0.856

注 係数の値が1に近いほど，その構成概念の項目間の関連性が高く，その尺度の妥当性が高いことになる．一般には，0.7～0.8であれば妥当であるとされる．

(2) サービス品質評価モデル推定と構成概念スコアの算出

次に，SERVQUALの五つの構成概念（信頼性，反応性，確実性，共感性，有形性）からなるサービス品質評価モデルを仮定し，得られた調査データに基づきそのモデル推定を行う．また，その推定モデルから五つの構成概念のスコア（又は得点）を算出し，ガソリンスタンドごとのサービス品質のレベルの比較検討を行う．

本事例でのサービス品質評価モデルとその推定結果を図3.1に示す．ここでは，2階層の構成概念の構造を考える．

下層においてSERVQUALの五つの構成概念の構造を仮定する．それぞれの構成概念の評価は直接的には観測できない，すなわち潜在的な概念とし，それらの構成概念が表3.3の対応する項目の評価値に反映されるとするモデルである．上層の"サービス品質"は五つの構成概念に影響を与える構成概念としている．

本モデル推定のために，共分散構造分析という統計的手法を用いた．共分散構造分析は，仮定した構成概念や観測可能な項目評価の間の因果関係を同時に推定・検証できる手法である．

図3.1のモデルの妥当性については，モデルの適合度（構成したモデルがデータにどの程度適合しているか）を見る．適合度指標の結果がGFI=0.819，AGFI=0.722，CFI=0.903，RMR=0.068，RMSEA=0.092であることから，総合的に見ておおむね問題ない[*3]．また，矢線上に各構成概念の推定された標準化係数を示して

[*3] 構成したモデルがデータに適合しているかどうかの指標であり，GFI, AGFI, CFIは1に近いほど，RMR, RMSEAは0に近いほど適合度が高いとされる．

48　第 3 章　サービス品質の測定

```
信頼性1 ← 0.784 ┐
信頼性2 ← 0.837 │
信頼性3 ← 0.822 ├─ 信頼性
信頼性4 ← 0.804 │
信頼性5 ← 0.846 ┘
                        ↑ 0.949

反応性1 ← 0.765 ┐
反応性2 ← 0.844 │
反応性3 ← 0.844 ├─ 反応性
反応性4 ← 0.765 ┘
                        ↑ 0.960

確実性1 ← 0.828 ┐
確実性2 ← 0.789 │
確実性3 ← 0.880 ├─ 確実性 ← 0.978 ── サービス品質
確実性4 ← 0.604 ┘
                        ↑ 0.918

共感性1 ← 0.799 ┐
共感性2 ← 0.758 │
共感性3 ← 0.798 ├─ 共感性
共感性4 ← 0.824 │
共感性5 ← 0.392 ┘
                        ↑ 0.900

有形性1 ← 0.672 ┐
有形性2 ← 0.688 │
有形性3 ← 0.799 ├─ 有形性
有形性4 ← 0.725 │
有形性5 ← 0.698 ┘
```

モデル適合度指標：
GFI=0.819
AGFI=0.722
CFI=0.903
RMR=0.068
RMSEA=0.092

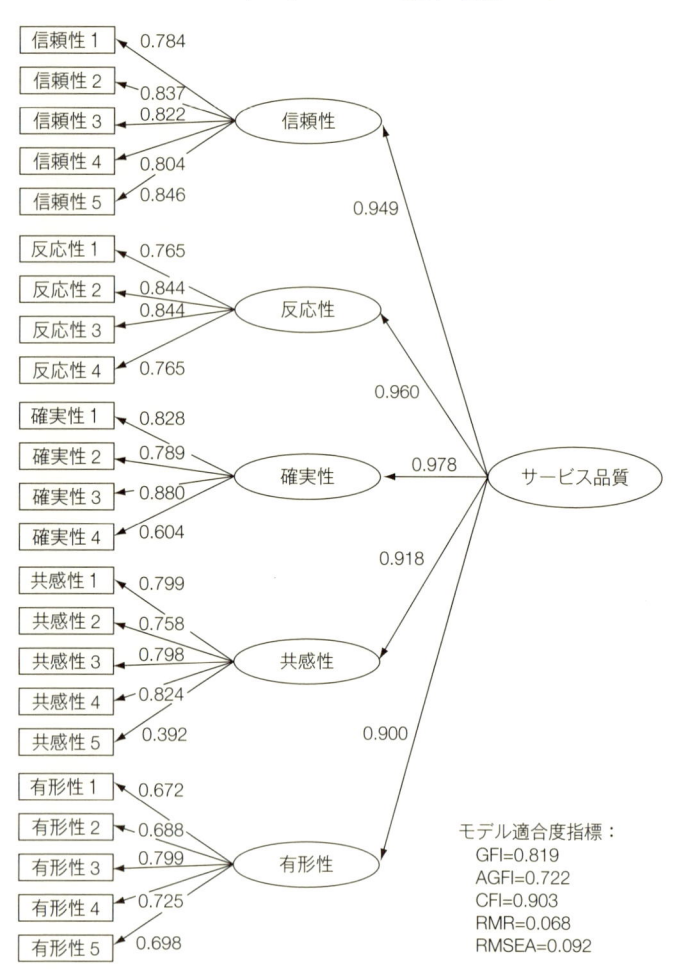

注　楕円は構成概念，長方形は項目を表す．構成概念及び項目の間の関係のみ示しており，矢線部のところの数値は標準化係数である．

図 3.1　ガソリンスタンドのサービスを対象にしたサービス品質評価モデルと推定結果（ガソリンスタンド 6 社の利用者全体を対象，全体のサンプル数：$n=2\,207$）

3.2 SERVQUALの事例：ガソリンスタンド

いる．なお，標準化係数は，想定している構成概念と観測された項目評価との間の因果関係の強さの推定値である．

SERVQUALの五つの構成概念については，該当する標準化係数にやや低いものが見られるが，統計的にはすべて5%有意である．すわなち，その間の因果関係があると判断される．さらに，表3.3(b)における各構成概念の項目間のCronbachのアルファ係数を見る．この係数の値は1に近いほど，その構成概念の項目間の関連性が高く，その尺度の妥当性が高いことになる．一般には，0.7～0.8であれば妥当であるとされる．いずれも0.8を超えており，各構成概念の尺度として妥当であると言える．以上から，これらの構成概念の構造を仮定できると判断する．

上位階層の構成概念"サービス品質"についても，関連する標準化係数が0.900から0.978と高く，すべて5%有意であることから，同様に妥当であると言える．"サービス品質"のスコアは総合的なサービス品質評価と考えることができ，標準化係数の値から，特に"反応性"と"確実性"との関連性が高い．

次に，五つの構成概念（信頼性，反応性，確実性，共感性，有形性），及び総合的なサービス品質の構成概念スコアについて，調査における評価対象のガソリンスタンド（I社，ES社，EN社，C社，J社，S社）ごとの評価値を算出する．共分散構造分析により得られた推定モデルから，個々の回答者の構成概念スコア（得点）を算出することができ[*4]（脚注[*4]は次ページ），ガソリンスタンドごとの回答者の構成概念スコアの平均値を求める．ガソリンスタンド業界では，価格競争が厳しい状況にあるが，各社としてはサービス

の品質の向上により低価格競争からの脱却が望まれる．そのために，サービス品質の数値的な把握，他社との比較が効果的である．

表 3.4 ではガソリンスタンドごとの各構成概念スコアの平均値と標準偏差，図 3.2 ではガソリンスタンドごとの各構成概念スコアの平均値のレーダーチャートを示す．なお，スコアは 100 点満点になるように基準化されている．これらの結果から，S 社のサービス品質の評価の高さが目立つ．特に，"信頼性"，"反応性"，"確実性"について，S 社の評価値がそれぞれ 55.19 ポイント（2 番目の EN 社は 54.61 ポイント），54.77 ポイント（2 番目の EN 社は 53.99 ポイント），55.40 ポイント（2 番目の EN 社は 54.73 ポイント）であり，ほかと比べて優れた評価と言える．それぞれ，2 番目に高いガソリンスタンドの平均値との差の検定を行ったが，いずれも 5%有意であった．

[*4] 構成概念のスコア算出式は，23 項目の評価値の加重平均となり，そのために各構成概念に対する項目の加重（因子得点ウエイトと呼ばれる）が推定されることになる．詳細は，鈴木[4]を参照されたい．

表 3.4 ガソリンスタンドごとのサービス品質評価の結果(100点満点に基準化した構成概念スコアの平均値を比較, ガソリンスタンド6社の利用者を対象)

ガソリンスタンド社名	統計量の項目	信頼性	反応性	確実性	共感性	有形性	サービス品質
I社 (n=419)	平均値 (標準偏差)	53.16 (13.66)	52.25 (14.24)	52.91 (14.24)	50.66 (14.09)	51.52 (13.24)	52.56 (13.86)
ES社 (n=287)	平均値 (標準偏差)	53.47 (13.07)	52.37 (13.03)	53.16 (13.08)	51.37 (13.35)	52.83 (11.84)	52.81 (12.81)
EN社 (n=633)	平均値 (標準偏差)	54.61 (14.21)	53.99 (14.19)	54.73 (14.25)	52.41 (14.16)	52.80 (13.49)	54.24 (13.97)
C社 (n=319)	平均値 (標準偏差)	52.89 (12.73)	51.93 (13.21)	52.77 (13.21)	50.51 (13.44)	51.79 (12.52)	52.30 (12.91)
J社 (n=231)	平均値 (標準偏差)	53.89 (11.89)	52.94 (12.42)	53.59 (12.40)	51.31 (12.49)	52.48 (10.84)	53.22 (12.03)
S社 (n=329)	平均値 (標準偏差)	55.19 (13.41)	54.77 (12.91)	55.40 (13.48)	53.29 (13.46)	53.38 (12.63)	54.85 (13.06)
全体 (n=2 207)	平均値 (標準偏差)	53.90 (13.35)	53.08 (13.56)	53.80 (13.63)	51.60 (13.65)	52.43 (12.65)	53.37 (13.30)

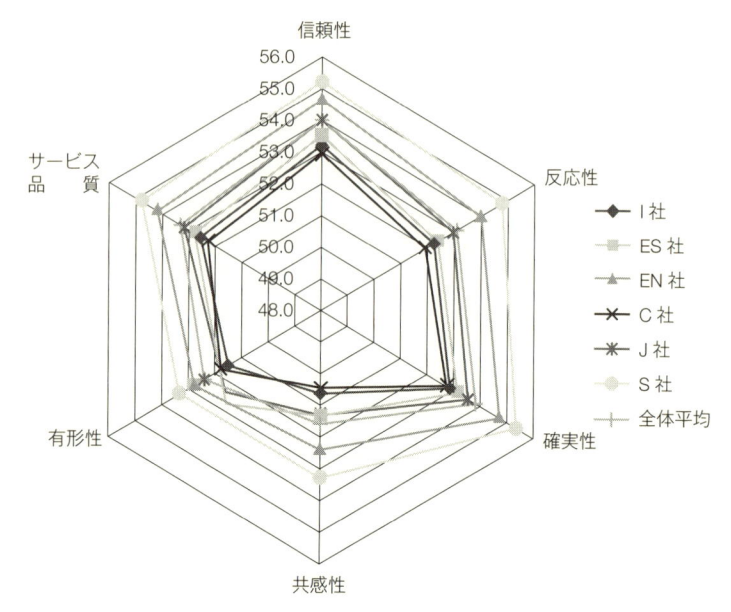

図 3.2 ガソリンスタンドごとのサービス品質評価モデルに基づく各構成概念スコアの平均値のレーダーチャート
（100 点満点に基準化した構成概念スコアの平均値を比較，ガソリンスタンド 6 社の利用者を対象）

3.3 階層的サービス品質評価モデル

Brady, Cronin[2]は，SERVQUAL の評価モデルを拡張し，3 層からなる階層的サービス品質評価モデルを提案した．より精緻な評価が期待されるモデルである．

図 3.3（54 ページ）に示すように，上位階層の構成概念として，"相互品質"，"物理的環境品質"，"成果品質" の三つを考える．さ

らに，その下にそれぞれ三つの下位階層の構成概念（合計九つ）を考える．

さらに，下位構成概念ごとに三つの評価項目を設ける．これらの項目の詳細は表 3.5（55 ページ）に示す．本モデルでは，下位階層の構成概念ごとに設けた三つの項目が SERVQUAL の【信頼性】，【反応性】，【共感性】に対応している．このように，直接的に信頼性，反応性，共感性の要素を構成概念とするのでなく，下位構成概念の項目に対応させることで考慮している．

(1) 相互品質

相互品質は，サービス提供企業の従業員との相互のやりとりのよさを評価するための構成概念である．サービスのもつ同時性という特性，すなわち，サービス提供とその消費が同時に行われるというサービスの特性から，サービスでは顧客と従業員との相互作用の認識や評価は，しばしば全体的なサービスの評価に大きく影響するものであり，その構成概念を取り上げることは意義がある．

相互品質の二次の構成概念としては，"態度"，"行動"，"専門性"がある．態度は従業員の親しみやすさ，顧客を助けようとする意欲などであり，行動は顧客の要求への従業員の対応などである．また，専門性は従業員の仕事の理解度などである．これらの評価に基づいて相互品質が評価される．

(2) 物理的環境品質

物理的環境品質は，雰囲気，設備のデザイン，ほかの顧客からの

第3章 サービス品質の測定

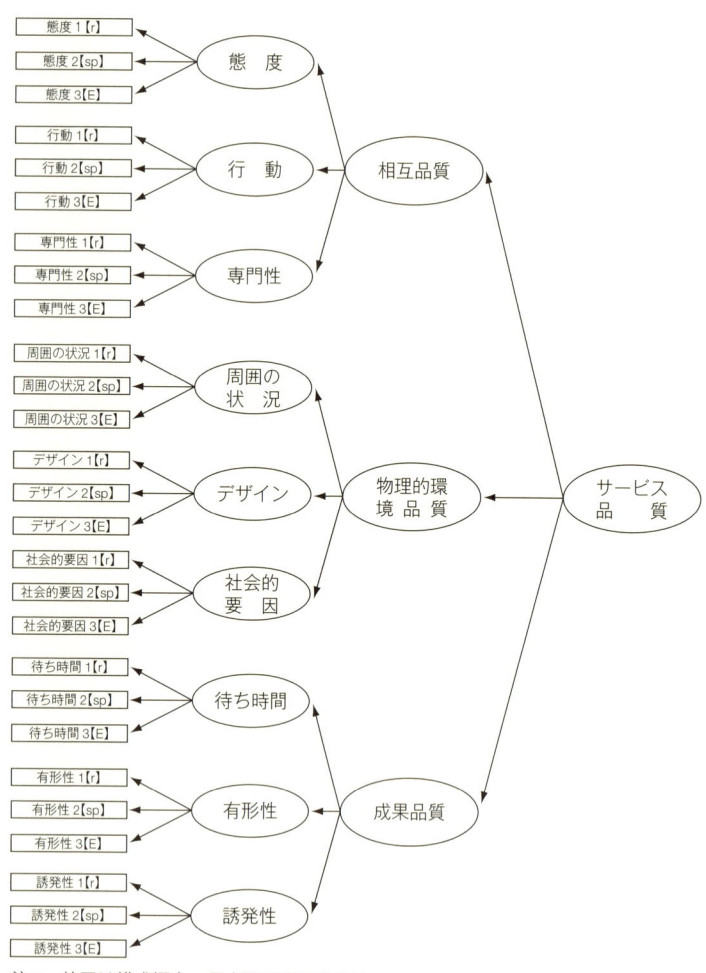

注 1 楕円は構成概念，長方形は項目を表す．
　2 【r】：信頼性の項目，【sp】：反応性の項目，【E】：共感性の項目を表す．

図 3.3　階層的サービス品質評価モデル

[資料　Brady, M.K. and Cronin, J.J, Jr. (2001): Some New Thoughts on Conceptualizing Perceived Quality: Hierarchical Approach, Journal of Marketing, 65, pp.34-49 に基づき作成]

3.3 階層的サービス品質評価モデル

表 3.5 階層的サービス品質評価モデルの構成概念と項目

上位構成概念	下位構成概念	項　　目
相互品質	態度	態度1：その XYZ 企業の従業員は親しみやすい.【信頼性】 態度2：あなたを助けようとする意欲を，その従業員の態度から感じる.【反応性】 態度3：あなたの要求を理解していることを，XYZ 企業の従業員の態度から感じる.【共感性】
	行動	行動1：XYZ 企業の従業員は，あなたの要求に対応してくれるので，頼りになる.【信頼性】 行動2：XYZ 企業の従業員は，迅速にあなたの要求に対応する.【反応性】 行動3：あなたの要求を理解していることを，XYZ 企業の従業員の行動から感じる.【共感性】
	専門性	専門性1：XYZ 企業の従業員は，自分らの仕事内容をよく理解しているので，信頼できる.【信頼性】 専門性2：XYZ 企業の従業員は，あなたの質問に迅速に答える.【反応性】 専門性3：XYZ 企業の従業員は，あなたが従業員の知識を頼りにすることを理解している.【共感性】
物理的環境品質	周囲の状況	周囲の状況1：XYZ 企業には，よい雰囲気がある.【信頼性】 周囲の状況2：XYZ 企業の雰囲気は，あなたが求めているものである.【反応性】 周囲の状況3：XYZ 企業は，その雰囲気があなたにとって重要であることを理解している.【共感性】
	デザイン	デザイン1：XYZ 企業のレイアウトは，あなたを印象づける.【信頼性】 デザイン2：XYZ 企業のレイアウトは，あなたの目的に役立つ.【反応性】 デザイン3：XYZ 企業は，その設備のデザインがあなたにとって重要であることを理解している.【共感性】
	社会的要因	社会的要因1：XYZ 企業の他の顧客から，そこでのサービスに対してよい印象を常に持つ.【信頼性】 社会的要因2：XYZ 企業の他の顧客が，よいサービスの提供自体に影響することはない.【反応性】 社会的要因3：XYZ 企業は，他の顧客がそのサービスのあなたの認識に影響があることを理解している.【共感性】
成果品質	待ち時間	待ち時間1：XYZ 企業での待ち時間は，予測可能である.【信頼性】 待ち時間2：XYZ 企業は，あなたの待ち時間を最小に保とうとしている.【反応性】 待ち時間3：XYZ 企業は，待ち時間があなたにとって重要であることを理解している.【共感性】
	有形性	有形性1：あなたは，XYZ 企業の商品・サービスに一貫して気に入っている.【信頼性】 有形性2：あなたの欲しい商品・サービスがあるから，XYZ 企業が好きである.【反応性】 有形性3：XYZ 企業は，顧客が求めている商品・サービスの種類を知っている.【共感性】
	誘発性	誘発性1：XYZ 企業から離れる際に，よい体験をしたといつも感じる.【信頼性】 誘発性2：あなたは，XYZ 企業があなたによい体験をさせてくれると信じている.【反応性】 誘発性3：XYZ 企業は，顧客が求めている体験がどのようなものかを知っている.【共感性】

注1：Brady ら[2]では，7段階尺度（1：全くそう思わない〜7：非常にそう思う）で評価をしている.

2：下位構成概念それぞれの項目は，SERVQUAL における三つの概念【信頼性】，【反応性】，【共感性】に対応付けられている.

[資料　Brady, M.K. and Cronin, J.J, Jr. (2001) : Some New Thoughts on Conceptualizing Perceived Quality: Hierarchical Approach, Journal of Marketing, 65, pp.34-49 に基づき作成]

影響などのよし悪しを評価するための構成概念である．サービスのもつ同時性という特性から，多くの場合において，顧客のサービスの提供の際に，その場にある一定の時間滞在することが必要となる．したがって，その場の環境，雰囲気などの顧客の認識が全体的なサービス評価に大きく影響する可能性がある．

物理的環境品質の二次の構成概念としては，"周囲の状況"，"デザイン"，"社会的要因"がある．周囲の状況は，サービス提供企業の雰囲気に関する評価項目である．提供場所（例えば，レストランの店内，スタジアム）での光景，音，匂いなどが，その企業の雰囲気の評価として形成される．デザインは，そのサービスに関連する施設のレイアウトやデザインなどである．社会的要因は，ほかの顧客から受ける影響である．例えば，レストランや喫茶店では，同じ空間にある時間同時に滞在することから，雰囲気やほかの客などの要素は全体的なサービスの評価に影響を与えると考えられる．

(3) 成果品質

成果品質は，サービスの提供を受けた後に顧客が感じるものであり，サービスを受ける際の待ち時間，体験，全体的なサービスの印象のよし悪しを評価するための構成概念である．

成果品質の二次の構成概念としては，"待ち時間"，"有形性"，"誘発性"である．待ち時間は，サービスを受ける際に顧客が最も気にする成果の一つであり，成果品質の評価に大きな影響を与えるとされる．有形性は，コアな商品・サービスに対する評価項目である．誘発性は，サービスを受けたことを体験としてとらえた評価項

目である.

　誘発性は，比較的新しい概念であり，類似したものとしては，Schmitt[6]による経験価値マーケティングがある．これは顧客が製品・サービスを購入する際，"お金を払って商品を買うだけでなく，お金を払って製品・サービスを買うという'経験'を得ている"という考え方に基づくものである．おもてなし業，スポーツビジネス，テーマパークなどでは，非日常的なサービスを提供することを目的とすることから，誘発性はこれらのサービスにとって非常に有効な成果品質の一つである．

3.4 階層的サービス品質評価モデルの事例：コーヒーショップ

(1) サービス品質の評価項目と調査概要

　階層的サービス品質評価モデルの事例として，コーヒーショップのサービスを取り上げる．本調査は，慶應義塾大学のプロジェクトにおいて実施されたものであり，2010年12月にインターネット調査で行われたものである[*5]．

　回答者は調査対象としているコーヒーショップ4社の利用者で，合計477人である．調査実施の際に，各社を最も利用する回答者数を100人以上確保するようにした結果，各ショップの回答者数

[*5] 本調査データは，慶應義塾大学（文部科学省委託事業"産学連携による実践型人材育成事業"）の"エクスペリエンスと講義と研究を一体化したスパイラル修士教育プログラム"プロジェクトにおける教材データである．

表 3.6 コーヒーショップの調査の回答者の属性

(a) 性 別

性別	人数	割合
男性	221	46.3%
女性	256	53.7%
合計	477	

(b) 年 代

年代	人数	割合
20代	71	14.9%
30代	146	30.6%
40代	147	30.8%
50代	81	17.0%
60代	29	6.1%
70代以上	3	0.6%
合計	477	

は111〜127人となった．回答者の属性を表3.6に示す．男性と女性はほぼ同割合，年代では30代と40代が合わせて61.4%の割合となっている．

表3.7に，本分析で用いる構成概念と項目を示す．各項目の評価尺度は10段階（1：全くそう思わない〜4：ややそう思わない〜7：ややそう思う〜10：非常にそう思う）とした．回答者には，最も利用するコーヒーショップについて評価を行うよう依頼した．コーヒーショップ4社を対象としているが，表3.7ではコーヒーショップ全体の評価の平均値と標準偏差を示す．サービス品質評価については，周囲の状況（雰囲気），有形性（商品・サービス自体）の評価が高く，ほとんどの項目で6.0を上回っている．最近のコーヒーショップは，味・サービスへのこだわり，職場や自宅以外の場所の提供というコンセプトを打ち出しており，そのあたりの成果が反映していると考えられる．

3.4 階層的サービス品質評価モデルの事例

表 3.7 コーヒーショップの階層的サービス品質評価モデルの構成概念と項目，それらの評価の平均値と標準偏差
(取り上げたコーヒーショップ 4 社の利用者全体の評価，全体のサンプルサイズ：$n=477$)

上位構成概念	下位構成概念	項目	評価 平均値	(標準偏差)
相互品質	スタッフの態度	態度1：そのスタッフは親しみやすい．【信頼性】	5.75	(1.73)
		態度2：あなたを助けようとする意欲を，そのスタッフの態度から感じる．【反応性】	5.59	(1.78)
		態度3：あなたの要求を理解していることを，そのスタッフの態度から感じる．【共感性】	5.79	(1.70)
	スタッフの行動	行動1：そのスタッフは，あなたの要求に対応してくれるので，頼りになる．【信頼性】	5.77	(1.72)
		行動2：そのスタッフは，迅速にあなたの要求に対応する．【反応性】	6.14	(1.68)
		行動3：あなたの要求を理解していることを，そのスタッフの行動から感じる．【共感性】	5.88	(1.70)
	スタッフの専門性	専門性1：そのスタッフは，自分らの仕事内容をよく理解しているので，信頼できる．【信頼性】	6.03	(1.68)
		専門性2：そのスタッフは，あなたの質問に迅速に答える．【反応性】	6.12	(1.68)
		専門性3：あなたがスタッフの知識を頼りにすることを理解している．【共感性】	5.76	(1.65)
物理的環境品質	周囲の状況	周囲の状況1：そのコーヒーショップには，よい雰囲気がある．【信頼性】	6.53	(1.61)
		周囲の状況2：そのコーヒーショップの雰囲気は，コーヒーショップにおいてあなたが求めているものである．【反応性】	6.33	(1.68)
		周囲の状況3：そのコーヒーショップは，その雰囲気があなたにとって重要であることを理解している．【共感性】	6.04	(1.67)
	デザイン	デザイン1：そのコーヒーショップの店舗内のレイアウトは，あなたを印象づける．【信頼性】	5.77	(1.71)
		デザイン2：そのコーヒーショップの店舗内のレイアウトは，あなたの目的に役立つ．【反応性】	5.93	(1.66)
		デザイン3：そのコーヒーショップは，その設備のデザインがあなたにとって重要であることを理解している．【共感性】	5.76	(1.59)
	社会的要因	社会的要因1：そのコーヒーショップのほかの顧客から，そこでのサービスに対してよい印象を常にもつ．【信頼性】	5.88	(1.55)
		社会的要因2：そのコーヒーショップのほかの顧客が，よいサービスの提供自体に影響することはない．【反応性】	5.79	(1.58)
		社会的要因3：そのコーヒーショップは，ほかの顧客がそのサービスのあなたの認識に影響があることを理解している．【共感性】	5.72	(1.49)
成果品質	待ち時間	待ち時間1：そのコーヒーショップでの待ち時間は，予測可能である．【信頼性】	6.27	(1.84)
		待ち時間2：そのコーヒーショップは，あなたの待ち時間を最小に保とうとしている．【反応性】	6.21	(1.81)
		待ち時間3：そのコーヒーショップは，待ち時間があなたにとって重要であることを理解している．【共感性】	5.96	(1.78)
	有形性	有形性1：あなたは，そのコーヒーショップの商品・サービスに一貫して気に入っている．【信頼性】	6.39	(1.65)
		有形性2：そのコーヒーショップにあなたの欲しい商品・サービスがあるから，そのコーヒーショップが好きである．【反応性】	6.43	(1.73)
		有形性3：そのコーヒーショップは，顧客が求めている商品・サービスの種類を知っている．【共感性】	6.13	(1.62)
	誘発性	誘発性1：そのコーヒーショップから離れる際に，よい体験をしたといつも感じる．【信頼性】	5.71	(1.75)
		誘発性2：あなたは，そのコーヒーショップがあなたによい体験をさせてくれると信じている．【反応性】	5.75	(1.76)
		誘発性3：そのコーヒーショップは，顧客が求めている体験がどのようなものかを知っている．【共感性】	5.79	(1.58)

注　各項目の評価尺度は 10 段階（1：全くそう思わない〜4：ややそう思わない〜7：ややそう思う〜10：非常にそう思う）である．

(2) 階層的サービス品質評価モデル推定と構成概念スコアの算出

本事例での階層的サービス品質評価モデルの適合度,標準化係数の値を図3.4に示す.3.2節(2)(47ページ)の事例のモデルの推定と同様に,共分散構造分析により本モデルの推定を行った.適合度指標については,GFI=0.820,AGFI=0.779,CFI=0.938,RMR=0.121,RMSEA=0.082であることから,総合的に見ておおむね問題ない.さらに,表3.8の第2列に示されている各構成概念

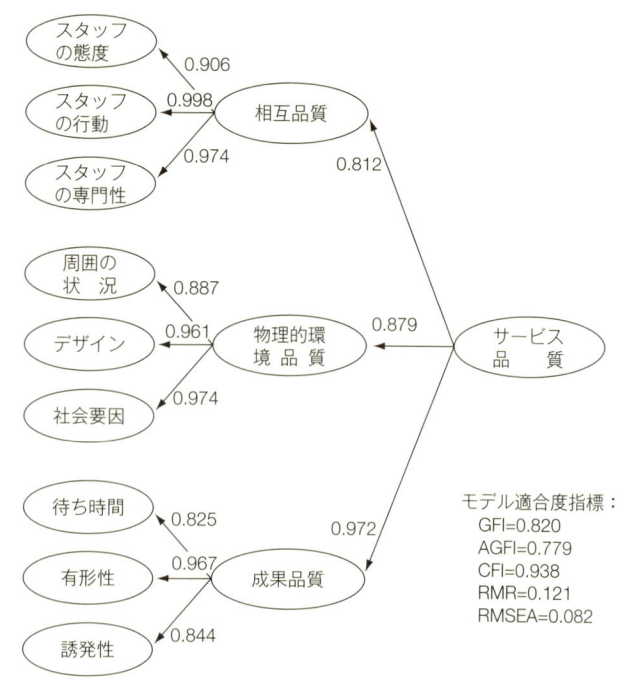

モデル適合度指標:
GFI=0.820
AGFI=0.779
CFI=0.938
RMR=0.121
RMSEA=0.082

注 構成概念間の関係性のみ示しており,矢線の数字は推定された標準化係数である.

図3.4 コーヒーショップの階層的サービス品質評価モデルの推定結果

表 3.8 コーヒーショップの階層的サービス品質評価モデルに基づく構成概念の Cronbach のアルファ係数,各構成概念スコアの平均値と標準偏差,100点満点に基準化した構成概念スコアの平均値を比較,コーヒーショップ4社の利用者を対象)

構成概念	Cronbach のアルファ係数	Dコーヒー (n=119) 平均値	(標準偏差)	Eコーヒー (n=111) 平均値	(標準偏差)	Sコーヒー (n=120) 平均値	(標準偏差)	Tコーヒー (n=127) 平均値	(標準偏差)	全体 (n=477) 平均値	(標準偏差)
相互品質	—	52.26	(14.18)	51.77	(19.28)	59.23	(17.52)	55.75	(15.93)	54.83	(16.99)
スタッフの態度	0.940	50.43	(15.29)	50.52	(20.83)	56.34	(18.77)	53.69	(15.80)	52.81	(17.84)
スタッフの行動	0.942	52.23	(14.24)	51.74	(19.30)	59.24	(17.57)	55.78	(15.99)	54.82	(17.04)
スタッフの専門性	0.940	52.23	(14.24)	51.74	(19.30)	59.24	(17.57)	55.78	(15.99)	54.82	(17.04)
物理的環境品質	—	51.84	(13.24)	52.93	(17.01)	59.29	(15.88)	55.27	(14.86)	54.88	(15.49)
周囲の状況	0.941	54.39	(15.31)	56.09	(17.90)	62.93	(17.80)	59.41	(15.91)	58.27	(17.00)
デザイン	0.924	50.84	(13.87)	52.37	(17.70)	58.82	(16.15)	54.37	(15.47)	54.15	(16.05)
社会的要因	0.905	51.69	(13.24)	52.51	(17.08)	58.54	(16.15)	54.86	(15.08)	54.45	(15.60)
成果品質	—	53.52	(13.35)	53.97	(17.20)	61.30	(15.27)	56.10	(14.56)	56.27	(15.38)
待ち時間	0.838	54.64	(15.41)	53.56	(19.11)	61.46	(17.92)	55.13	(15.37)	56.24	(17.19)
有形性	0.925	54.59	(14.04)	54.89	(17.58)	62.69	(15.65)	57.09	(15.39)	57.36	(15.96)
誘発性	0.957	49.98	(15.67)	52.23	(19.00)	58.12	(17.98)	52.55	(17.17)	53.24	(17.67)
サービス品質	0.956	53.13	(13.00)	53.60	(17.00)	60.78	(15.10)	55.93	(14.18)	55.91	(15.10)

の項目間の Cronbach のアルファ係数を見ると,おおむね 0.9 を超えていることから,構成概念の尺度項目として問題ない.

次に,階層的サービス品質評価モデルにおいて(図 3.4),最上位にある"サービス品質"の構成概念からその下の中間位の構成概念(相互品質,物理的環境品質,成果品質)の影響度を示す標準化係数の値は 0.81 以上と高く,特に成果品質への標準化係数の値が 0.972 と最も高い.また,中間位の概念からその下の最下位にある構成概念(スタッフの態度から誘発性までの九つ)までの標準化係数も 0.82 以上と高い.したがって,本事例における階層的サービス品質評価モデルは妥当である.

表 3.8 では,コーヒーショップごとの構成概念のスコアの平均値と標準偏差,図 3.5 では,各構成概念スコアの平均値のレーダーチャートを示す[構成概念スコアの算出については 3.2 節(2)を参照].なお,スコアは 100 点満点になるように基準化されている.

これらの結果から,S コーヒーのすべての構成概念での評価の高さが目立つ.特に,"成果品質"及びその下位概念の"待ち時間","有形性"について,S コーヒーの評価値がそれぞれ 61.30 ポイント(2 番目の T コーヒーは 56.10 ポイント),61.46 ポイント(2 番目の T コーヒーは 55.13 ポイント),62.69 ポイント(2 番目の T コーヒーは 57.09 ポイント)であり,ほかと比べて優れた評価と言える.

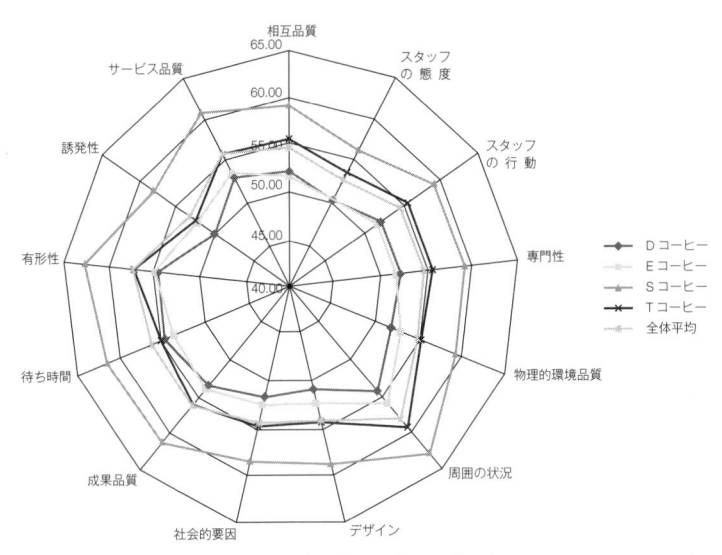

図 3.5 階層的サービス品質評価モデルに基づくコーヒーショップごとの構成概念スコアの平均値のレーダーチャート
（100点満点に基準化した構成概念スコアの平均値を比較，コーヒーショップ4社の利用者を対象）

参 考 文 献

1) Parasuraman, A., Zeithaml, V.A. and Berry, L. (1988): SERVQUAL: Multiple-Item Scale for Measuring Consumer Perceptions of Service Quality, Journal of Retaling, 64, pp.12-40
2) Brady, M.K. and Cronin, J.J, Jr. (2001): Some New Thoughts on Conceptualizing Perceived Quality: Hierarchical Approach, Journal of Marketing, 65, pp.34-49
3) Zeithaml, V.A., Bitner, M.J. and Gremler, D.D. (2006): Service Marketing: Integrating Customer Focus Across the firm.-4th ed., MacGraw-Hill/Irwin)
4) 鈴木秀男(2010)：顧客満足度向上のための手法―サービス品質の獲得―，日科技連出版社

5) Cronin, J.J, Jr. and Taylor, S.A. (1992): Measuring Service Quality: A Reexamination and Extension, Journal of Marketing, 56, pp.55-68.
6) Schmitt, B.H. (2000)：経験価値マーケティング―消費者が「何か」を感じるプラス α の魅力, 嶋村和恵, 広瀬盛一訳, ダイヤモンド社

第4章 顧客満足度指数モデル

本章では,代表的な顧客満足度指数モデルである ACSI (American Customer Satisfaction Index:米国顧客満足度指数) のモデルについて解説する.

ACSI は,1994 年に Fornell を中心にミシガン大学が開発した顧客満足度指標である [例えば,Fornell [1],ACSI 公式 HP [2]]. その特徴として,過去の期待,現在の評価,将来への意向などを含めた総合的な満足度指標であり,実際の消費・経験に基づく知覚品質のみによる評価指標とは異なる.また,米国の企業,産業,国家経済レベルの顧客満足度を定量化した評価指標として示されている.

したがって,開発当初は 7 産業(現在は 12 産業)に関する調査が行われている.解析手法としては,共分散構造分析が用いられ,構成概念である顧客満足のスコアを基準化することで ACSI は算出される.

ACSI モデルは,サービス分野の企業間,産業間の比較が可能となる一般性をもった顧客満足度指数モデルの構築に非常に有効である.また,各企業が ACSI の類似の調査項目で調査を行い,得られたデータに基づきモデルを構築することで,ACSI タイプの顧客満足度指数を算出することは非常に意義があると考えている.なお,

4.1 節から 4.2 節の内容は鈴木[3]に基づく．

4.1 ACSI モデル：構成概念と関連する質問項目

ACSI モデルを図 4.1 に示す．ACSI は因果関係モデルとして表されており，左側は顧客満足の原因系となる三つの構成概念（顧客期待：Customer Expectation，知覚品質：Perceived Value，知覚価値：Perceived Value）となる．中心の構成概念は，顧客満足（ACSI）になる．右側は，顧客満足の成果系となる二つの構成概念（顧客苦情：Customer Complain，顧客ロイヤルティ：Customer Loyalty）となる．また，各構成概念の項目を表 4.1 に示す．以下，各構成概念を説明する．

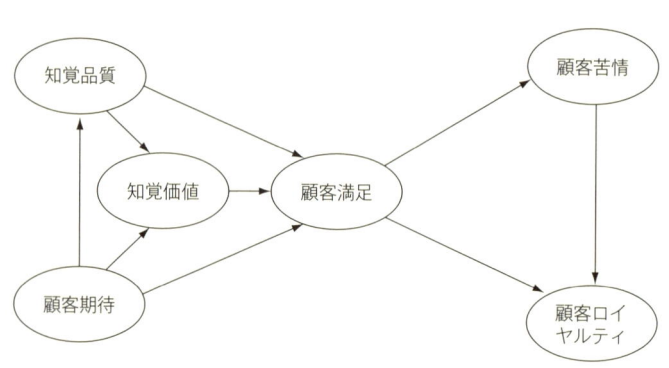

図 4.1 ACSI モデル

（資料　ACSI 公式 HP http://www.theacsi.org の図をもとに作成）

[出典　鈴木秀男(2010)：顧客満足度向上のための手法—サービス品質の獲得—，日科技連出版社，p.60，図表 4.1]

4.1 ACSIモデル：構成概念と関連する質問項目

表 4.1 ACSI の項目内容

構成概念	項	目
顧客期待	総合的な品質	その企業の製品・サービスの品質に対する総合的な期待
	顧客ニーズへの合致度	どの程度，その企業の製品・サービスが顧客のニーズを満たしてくれるのかということに対する期待
	信頼性	どの程度，その企業の製品・サービスに関して問題が発生するのかということに対する予想
知覚品質	総合的な品質	その企業の製品・サービスの総合的な品質に対する評価
	顧客ニーズへの合致度	どの程度，その企業の製品・サービスが顧客のニーズを満たしているかということに対する評価
	信頼性	どの程度，その企業の製品・サービスに関して問題が発生したのかということに対する評価
知覚価値	価格に対する品質	その企業の製品・サービスの価格に対する品質の評価
	品質に対する価格	その企業の製品・サービスの品質に対する価格の評価
顧客満足	総合的な満足度	その企業の製品・サービスの総合的な満足度
	期待との比較	どの程度，その企業の製品・サービスの成果が期待を上回った，若しくは下回ったか
	理想との比較	理想に対して，その企業の製品・サービスの成果がどの程度であったか
顧客苦情	苦情行動	その企業の製品・サービスについて，公式に，若しくは非公式に不満を言ったことがあるか否か
顧客ロイヤルティ	再購入の可能性	その企業の製品・サービスを再購入する可能性
	値上がり時の再購入意向	値上がり時において，その企業の製品・サービスを再購入するかどうか
	値下がり時の再購入意向	値下がり時において，その企業の製品・サービスを再購入するかどうか

[出典 鈴木秀男(2010)：顧客満足度向上のための手法―サービス品質の獲得―，日科技連出版社, p.60, 図表 4.2]

(1) 顧客期待

顧客期待は,企業が提供する製品・サービスに対して顧客がどの程度の品質を期待していたか,どの程度の不具合を予測していたかを質問することによって測定される.ここでの期待は,広告や口コミなどの情報及び顧客の今までの経験によって構成される.なお,項目内容については,次に説明する"知覚品質"と対応がとられている.

期待については,理想期待,事前期待,価格対比期待がある[例えば,Tse,Wilton[4],池庄司,圓川[5]].理想期待とは,顧客が望んでいる,最適な製品・サービスの成果を表現したものである.これは,イメージ広告や口コミといった情報伝達手段から入手した情報によって形成されると考えられる.一方で,事前期待とは,顧客が現実的にあるだろうと感じる,製品・サービスの成果を表現したものである.これは,製品・サービスの性能などの広告やパンフレットといった的確な情報によって形成されていくものである.最後の価格対比期待は,製品・サービスの価格に対して,どの程度の成果を期待するかを測るものである.

ACSIにおける顧客期待では,理想期待か事前期待かの明確な区別はしていないが,どちらかと言えば,評価対象の製品・サービスに関する事前期待を評価している.

(2) 知覚品質

知覚品質は,企業が提供する製品・サービスについての顧客の最近の購入・利用経験に基づく評価についての測定である.知覚品質

は,製品・サービス品質及び信頼性はどうであったか,顧客ニーズをどの程度満たしていたかを質問することによって測定される.なお,知覚品質については,前章で述べたSERVQUALのように,多次元で評価する測定方法の提案がされているが,ACSIモデルでは,総合満足度の算出が目的であるので,本モデルの枠組においては知覚品質の測定としては集約的な項目になっている.上述のとおり"顧客期待"の質問項目と対応がとられており,知覚品質と期待の関係を考慮していることになる.

(3) 知覚価値

知覚価値は,支払った金額に対する製品・サービスの品質(成果)の評価,及び製品・サービスの品質(成果)に対する払った金額の評価による測定である.知覚価値(成果/価格,価格/成果)は,先に述べた価格対比期待(期待/価格)に対応する.

(4) 顧客満足

製品・サービスに対する満足度は,二つの手法で測られる.一つは,単純に総合的な満足の度合いをたずねるものである.もう一つは,"不確認パラダイム"と呼ばれるものにより測られる."不確認パラダイム"とは,製品・サービス利用後の成果と期待との差のことである."不確認パラダイム"の測定については,顧客満足度と正の関係にあることが立証されている[Tse, Wilton[4]].ACSIでは,満足度の度合い,成果と理想期待との差,事前期待との差の三つを測定する.

(5) 顧客苦情

苦情は,ある期間において,製品・サービスについて直接会社に苦情を表したことがあるかどうかで測定される.製品やサービスを使用した後に対する不満点に関する変数である.顧客は不満時には,その企業の製品やサービスを購入・利用をしなくなるという撤退行動をとるか,その企業に対して不平を言うという行動をとる.

不平を言う行動をとった顧客は,顧客と企業との間に接点が生じるので,対応次第では,ロイヤルティを有する顧客へと変化することもある.また,その不満点は,後の製品・サービスへの解決すべき問題点としてとらえることができるので,不平を言う顧客は,大切に扱う必要がある.

(6) 顧客ロイヤルティ

顧客ロイヤルティとは,顧客がその企業から継続的に製品やサービスの提供を受けたい,購入したいと望む,顧客の意志のことである.

ロイヤルティの高い顧客は,企業にとって,主に三つの大きな効果が得られる.まず一つに,その顧客が,同一の製品・サービスを繰り返し購入・利用してくれる.それは,他社への顧客流出の抑止効果ともなる.次に,友人や同僚といった,周囲の人たちにもその製品の購入を勧めるという口コミ効果である.ほかの人に紹介しても大丈夫だという,その企業への信頼(ロイヤルティの高さ)がなければ,起こりえないことである.

最後に,以上の二つから見てもわかるように,継続的な製品・サービス購買,口コミによる顧客拡大効果により,ロイヤルティが

高ければ，企業の成長性につながると言える．

　顧客ロイヤルティの測定に関しては長年，多くの議論がなされている．ACSI モデルでは，顧客ロイヤルティは，将来的に同じ製品・サービス供給者からどの程度購入したいか，様々な価格設定での購入意向による測定を行う．

　各構成概念の項目内容を表 4.1（67 ページ）に示している．それぞれの項目については，10 段階尺度により測定される．

　以上のように，ACSI は六つの構成概念とそれに関連した 15 の質問項目からなるモデルに基づき，顧客満足の構成概念のスコアとして測定される．ACSI は，過去，現在，更に将来に対する期待を含めた総合的な指標となり，対象企業のマーケットシェアや将来の企業の経営成果の先行指標として有効であると言われている．

4.2　調査方法と ACSI スコア

　ACSI の調査は，原則として電話による聞き取り調査で行われる．E-Commerce などの分野では，Web による調査も行われている．確率サンプリングで世帯を抽出し，そこから 18〜84 歳の回答候補者を抽出する．さらに，一定期間内（対象業種によってその期間は異なる．）に対象企業の製品・サービスを購入しているかどうかのスクリーニングを行って，条件を満たす場合は回答者として選定する．1 企業当たり 250 人以上のインタビューを実施する．前節で述べたように，回答者に 15 項目の設問について 10 段階尺度で

評価してもらい,それらのデータに基づき,ACSI モデルを用いて企業ごとに顧客満足度スコア(ACSI スコア)を顧客満足の構成概念スコアとして算出する[具体的な算出方法については,Fornell ら[1],鈴木[3]を参照されたい].その際に,スコアは 100 点満点で基準化される.ここから,売上高に応じて加重平均し,業種別・産業別の ACSI が,更に GDP への貢献度に応じて加重平均し,全産業(国家レベル)の ACSI が求められる.

ACSI では,2011 年現在において,12 の産業,45 業種,200 以上の企業及び連邦政府・地方政府機関が調査の対象となっている.

表 4.2 において,2011 年 1 月における 12 の産業,国家レベルの ACSI スコアを示す.2011 年 1 月の更新情報における国家レベルの ACSI スコアは 75.7 ポイントである.産業別の ACSI では,

表 4.2 2011 年 1 月の更新情報における国家レベル,12 産業の ACSI スコア

(a) 国家レベルのスコア

	スコア
国家レベル	75.7

(b) 産業レベルのスコア

産 業	スコア	産 業	スコア
公益事業	74.1	E-Business	73.5
運輸	73.3	情報	72.8
行政(政府)	66.9	製造業(非耐久消費財)	81.3
ヘルスケア/社会援助	77.0	小売	76.2
アコモデーション/フードサービス	77.3	金融/保険	76.1
製造業(耐久消費財)	81.3	E-Commerce	81.4

(資料 ACSI の HP http://www.theacsi.org の公開データに基づき作成)

例えば,製造業(耐久消費財)と製造業(非耐久消費財)がともに81.3ポイントで最も高い.E-Commerceは81.4ポイント,アコモデーション/フードサービスは77.3ポイントである.また,行政(政府)は66.9ポイントともっと低い結果を示している.全体的に,製造業のACSIスコアがサービス産業のスコアよりも高く,行政,情報のスコアが低い結果となっている.

ほかにも,ACSIの公式HPでは,ACSIは企業,業種の単位での顧客満足度スコアが示されており,いろいろな観点での比較が可能である.また,1994年から調査が継続的に行われており,経年変化の分析も可能である.Fornell[6],[7]は,ACSIとダウ平均株価の時系列データから顧客満足の変化が株価やGDPの変化に正の影響を与えることを示唆している.

4.3 顧客満足度指数モデルの構築:コーヒーショップの事例

本節では,3.4節のコーヒーショップの調査データに基づき顧客満足度指数モデルを構築し,顧客満足度(総合満足度)スコア及びロイヤルティスコアを算出する.本モデルとその推定結果を図4.2に示す.

本モデルでは,構成概念として,サービス品質,総合満足度,ロイヤルティの三つをベースに構成される.表4.3に,総合満足度及びロイヤルティの構成概念の項目,それらの評価の平均値と標準偏差(取り上げたコーヒーショップ4社の利用者全体の評

価）を示す．また，本モデルのサービス品質の構造は，3.3節及び3.4節で述べた階層的サービス品質評価モデルに基づく．本推定モデルの適合度指標は，GFI=0.810，AGFI=0.773，CFI=0.937，RMR=0.132，RMSEA=0.076となり，総合的に見ておおむね問題ない．総合満足度とロイヤルティの構成概念の構造については，総合満足度のCronbachのアルファ係数は0.878，ロイヤルティは0.828となり（一般には0.7〜0.8であれば妥当），それぞれの項目間の関連性が高いことから構成概念の尺度として問題ない．

次に，因果関係に注目すると，サービス品質→総合満足度→ロ

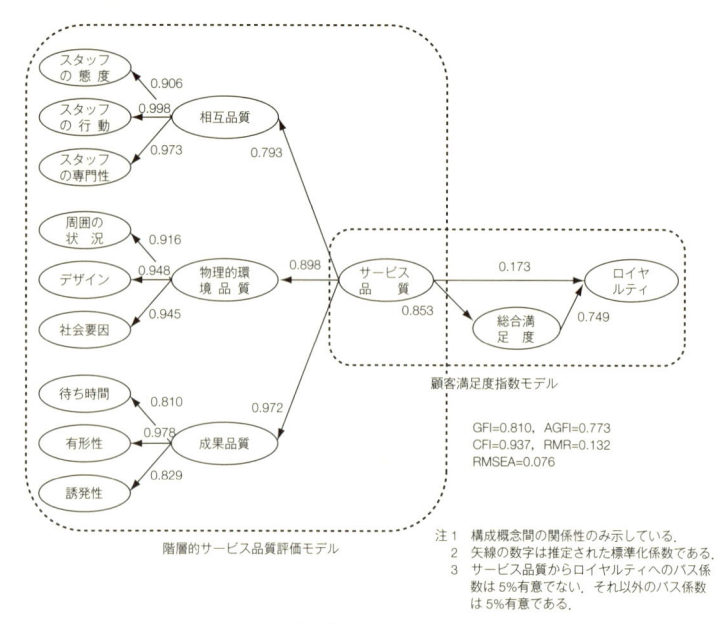

図 4.2 コーヒーショップの事例における階層的サービス品質評価モデルと顧客満足度指数モデル

イヤルティの一連の標準化係数が0.853及び0.749であり，ともに5%有意である．したがって，サービス品質の向上が重要であることを示唆している．表4.4に，コーヒーショップごとの総合満足度とロイヤルティの構成概念スコアの平均値と標準偏差を示す．なお，スコアは100点満点になるように基準化されている．

これらから，Sコーヒーの評価の高さが目立ち，Sコーヒーの総合満足度，ロイヤルティのスコアがそれぞれ66.96ポイント（2番目のTコーヒーは61.84ポイント），69.38ポイント（2番目のTコーヒーは63.56ポイント）であった．

表4.3 コーヒーショップの総合満足度及びロイヤルティの構成概念と項目(評価尺度)，それらの評価の平均値と標準偏差 (取り上げたコーヒーショップ4社の利用者全体の評価，全体のサンプル数：$n=477$)

構成概念	項目（評価尺度）	評　価 平均値	（標準偏差）
総合満足度	総合的にそのコーヒーショップを見て，満足していますか． （1：非常に不満〜4：やや不満〜7：やや満足〜10：非常に満足）	6.91	(1.52)
総合満足度	総合的にそのコーヒーショップを見て，あなたの理想像に近いですか． （1：非常に遠い〜4：やや遠い〜7：やや近い〜10：非常に近い）	6.41	(1.54)
ロイヤルティ	あなたは，今後も，そのコーヒーショップを利用したい． （1：全くそう思わない〜4：ややそう思わない〜7：ややそう思う〜10：非常にそうに思う）	7.43	(1.63)
ロイヤルティ	あなたは，そのコーヒーショップの利用を家族・友人・知人に勧めたい． （1：全くそう思わない〜4：ややそう思わない〜7：ややそう思う〜10：非常にそうに思う）	6.51	(2.04)

表 4.4 コーヒーショップごとの階層的サービス品質モデルと顧客満足度指数モデルに基づく総合満足度とロイヤルティの構成概念スコアの平均値と標準偏差
（100点満点に基準化した構成概念スコアの平均値を比較，コーヒーショップ4社の利用者を対象）

コーヒーショップ名 ($n=$ サンプル数)	総合満足度		ロイヤルティ	
	平均値	（標準偏差）	平均値	（標準偏差）
D コーヒー ($n=119$)	58.84	(13.84)	60.71	(15.43)
E コーヒー ($n=111$)	59.32	(15.68)	60.97	(16.28)
S コーヒー ($n=120$)	66.96	(14.99)	69.38	(15.45)
T コーヒー ($n=127$)	61.84	(15.70)	63.56	(16.62)
全体 ($n=477$)	61.79	(15.36)	63.71	(16.29)

参 考 文 献

1) Fornell, C., Johnson, M.D., Anderson, E.W., Jaesung C. and Bryant, B.E. (1996): The American Customer Satisfaction Index: Nature, Purpose, and Findings, Journal of Marketing, Vol.60, pp.7-18
2) ACSI 公式 HP：http://www.theacsi.org（最終アクセス 2011 年 1 月）
3) 鈴木秀男(2010)：顧客満足度向上のための手法—サービス品質の獲得—，日科技連出版社
4) Tse, D.K. and Wilton, P.C. (1988): Models of Consumer Satisfaction Formation: An Extension, Journal of Marketing Research, Vol.25, No.5, pp.204-212
5) 池庄司雅臣，圓川隆夫(2004)：顧客満足度と景気感との関連に関する研究，品質，Vol.34, No.4, pp.90-99
6) Fornell, C. (2001): The Science of Satisfaction, Harvard Business Review, Vol.79, No.3, pp. 120-121
7) Fornell, C. (2003): Boost Stock Performance Nation's Economy, Quality Progress, No.2, pp. 25-31

第5章 プロ野球チームのサービス品質と顧客満足度の数値化

　本章では，顧客満足度指数モデルの特定分野への適用例として，プロ野球チームの顧客満足度指数モデルを構築し，そのモデルに基づく各チームの総合満足度スコアなどの構成概念スコアの算出と比較検討を行う．プロ野球という馴染みのあるサービスの事例を通して，サービス品質や顧客満足度の具体的な数値を示し，そこからどのような示唆が得られるのか，マネジメントとして何を学べるかを伝えたい．

5.1 プロ野球の経営の背景と顧客満足度指数モデルの意義

　長引く不況からプロ野球チームは親会社から自立した経営が求められる状況にあり，収益の向上，そのためにサービス品質や顧客満足度の向上が不可欠である．プロ野球チームのサービスを考えた場合，勝利・チーム・選手の魅力や試合内容といった中核的サービスは当然として，球場設備・サービス，ファンサービスといった部分のサービスも非常に重要視されている．特に，パ・リーグを中心に，地域密着を中心としたファンサービスが展開されており，ビジネス的にも成功してきている．

　一方，プロ野球は，サービス業であり，サービス品質を可視化

(又は見える化)することで,様々なビジネスアクションに結び付く.また,ファンの満足度というものがチームの成績にプラスに影響を与えることも考えられる.競技データだけでなく,ファンの満足度の数値化はスポーツオペレーションに対しても重要な課題である.

本章では,プロ野球チームの顧客満足度指数モデル[1),2)]の継続的な調査として,2010年1月下旬の調査データ(主に2009年シーズンを反映)に実施したプロ野球のサービスの調査データを用いて,プロ野球チームの顧客満足度指数モデル推定の結果及び各チームの"総合満足度"等の構成概念のスコアを示す.また,2009年1月下旬の調査データ(主に2008年シーズンを反映)に基づく結果との比較検討も行う.さらに,総合満足度スコアの有効性を検証するために,チーム勝率,ホーム球場の平均観客数との関連性も検証する.

プロ野球チームの顧客満足度指数モデルの意義については,次のように考えている.消費者であるファンに対して,応援するチームのサービス水準の情報が提供できる.また,ファンが認識することで,各チーム経営に活性化を与えると期待できる.チームに対しては,ベンチマークデータ,大まかな改善ポイントが示され,サービス品質の向上に寄与すると期待できる.

5.2 顧客満足度指数モデルと質問設計

プロ野球チームの顧客満足度指数モデルとして,Fornell[3)]らに

よって提唱された ACSI モデルを踏まえながら，図 5.1 に示すように，サービス品質→総合満足度→応援ロイヤルティ→観戦ロイヤルティの因果モデルを仮定した[4]．また，各構成概念とそれらの項目内容を表 5.1 に示す．各構成概念の概要は次のとおりである[2]．

(a) サービス品質：五つの構成概念

サービス品質の評価として，五つの構成概念を取り上げる．"チーム成績"（1 項目），"チーム・選手"（4 項目）は，プロ野球のチームの中核的なサービスととらえることができる．"球場"（8 項目）は，ファンに球場に足を運んでもらうために必要なサービス要素である．"ファンサービス・地域貢献"（3 項目）は，現在，多くの球

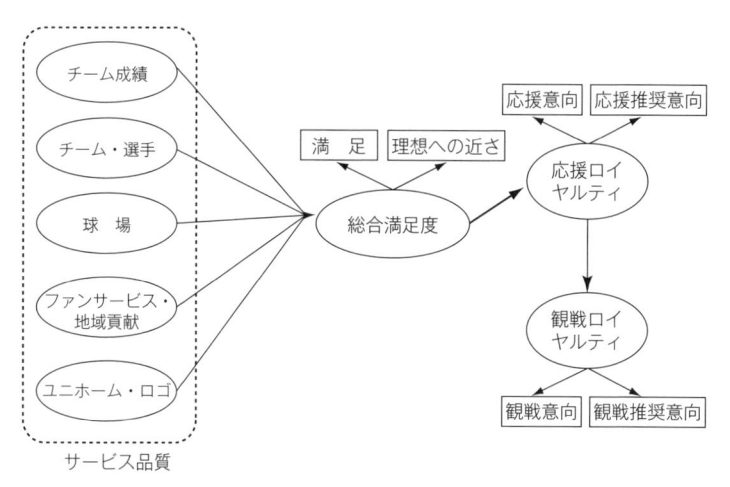

注 楕円は構成概念，長方形は項目を示している．サービス品質については構成概念のみ示している．

図 5.1 プロ野球チームの顧客満足度指数モデル

[資料 鈴木秀男(2010)：顧客満足度向上のための手法—サービス品質の獲得—，日科技連出版社，p.88, 図表 5.1 を加筆・修正]

表 5.1 プロ野球チームの顧客満足度指数モデルにおける質問項目内容

構成概念	項　目	尺　度
チーム成績	近年，そのチームは優秀な成績をおさめている．	1：全く思わない〜10：非常に思う
チーム・選手	そのチームに魅力があると感じる．	1：全く思わない〜10：非常に思う
	そのチームの選手に魅力があると感じる．	1：全く思わない〜10：非常に思う
	常に，そのチームの選手は全力で戦い迫力ある面白い野球を見せている．	1：全く思わない〜10：非常に思う
	そのチームには独自のスタイル（戦術，チーム方針など）を感じる．	1：全く思わない〜10：非常に思う
球　場	席の座り心地	1：非常に悪い〜10：非常に良い
	席からの試合の見やすさ	1：非常に悪い〜10：非常に良い
	球場スタッフの対応	1：非常に悪い〜10：非常に良い
	球場のフード商品	1：非常に悪い〜10：非常に良い
	球場のビジョン・音響設備	1：非常に悪い〜10：非常に良い
	球場のトイレ	1：非常に悪い〜10：非常に良い
	場内の温度	1：非常に悪い〜10：非常に良い
	球場の雰囲気	1：非常に悪い〜10：非常に良い
ファンサービス・地域貢献	そのチームのファンサービスは充実している．	1：全く思わない〜10：非常に思う
	そのチームの選手とファンとの交流は十分に行われている．	1：全く思わない〜10：非常に思う
	そのチームの地域住民へのサービス・貢献活動が十分に行われている．	1：全く思わない〜10：非常に思う
ユニホーム・ロゴ	ユニホーム	1：非常に悪い〜10：非常に良い
	ロゴ	1：非常に悪い〜10：非常に良い
総合満足度	ファンサービス・成績・選手・球場設備など，総合的にそのチームを見て，満足していますか．	1：非常に不満〜10：非常に満足
	ファンサービス・成績・選手・球場設備など，総合的にそのチームを見て，あなたの理想像に近いですか．	1：理想から非常に遠い〜10：理想に非常に近い
応援ロイヤルティ	今後も，そのチームを一生懸命応援したい．	1：全く思わない〜10：非常に思う
	そのチームのよさを家族・友人・知人に勧めたい．	1：全く思わない〜10：非常に思う
観戦ロイヤルティ	今後も，そのチームのホーム球場で，そのチームの試合観戦をしたい．	1：全く思わない〜10：非常に思う
	そのホーム球場で，そのチームの試合観戦を家族・友人・知人に勧めたい．	1：全く思わない〜10：非常に思う

［出典　鈴木秀男(2010)：顧客満足度向上のための手法―サービス品質の獲得―，日科技連出版社，p.89，図表 5.2］

団が非常に重視しているサービス要素と言われている．"ユニホーム・ロゴ"（2項目）は，球団のイメージを形成するのに影響を与えるものと考えられる．

(b) 総合満足度

チーム・選手，サービスなどの総合的な"満足度"及び"理想への近さ"の二つの項目からなる構成概念である．

(c) 応援ロイヤルティ

そのチームに対する今後の自身の応援意向及び応援することの他人への推奨意向の二つの項目からなる構成概念である．

(d) 観戦ロイヤルティ

そのチームのホーム球場での試合観戦意向及び試合観戦することの他人への推奨意向の二つの項目からなる構成概念である．各項目は10段階での評価である．

"観戦ロイヤルティ"について，今後も，応援するだけでなく，そのチームのホーム球場に足を運ぶかどうか，試合観戦に行くことを周りの人に勧めてくれるかどうかは，その球団の収益に影響を大きく与えるものである．したがって，本モデルでは，"応援ロイヤルティ"と"観戦ロイヤルティ"に分けて，両者間の因果関係を考慮している．

5.3 調査方法及び回答者属性：2010年1月下旬調査

2010年1月下旬に実施された調査方法と回答者属性について説明する（2009年1月下旬の調査方法もほぼ同様である）．本調査

は，インターネット調査として実施した．回答者の条件として，2009年度シーズン中に，1回以上応援するチームのホーム球場で試合観戦をしている人とした．

回答者をホーム球場での試合観戦者に限定している点について，次のような考えによる．スポーツビジネスの基本はスタジアムの集客を確保することから始まるとされる．また，多くの球団においてチケット収入の全収入に対する割合は高く，特に近年は地上波のTV放送の激減から放映権収入をあまり当てにはできない状況にある．したがって，球場来場者からの収入は極めて重要であり，このような直接球団に収益をもたらしている人を対象にすることは意義がある．

各チームの回答者数は114〜131であり，合計で1 501となっている．鈴木の2009年1月下旬調査[1),2)]と同様に，本調査データについても各チームの回答者の来場頻度の分布を調べた（表5.2参照）．2〜5回の割合がおおむね50〜60%と最も高い区分となっており，チーム間で大きく変わらない．チーム間での評価の比較可能な回答者であると言える．

興味深い回答者属性として，表5.3に応援するようになったきっかけ・理由の集計結果（回答割合）を示す．多くのチームにおいて"地元にあるチームだったから"が最も高い割合である．特に，日本ハムの割合が82.4%と非常に高い．一方，東京を本拠地とする巨人は6.6%，ヤクルトは24.6%と低い．2009年1月下旬実施の調査でも同様な結果を示しており，東京という地域性から地元意識の低さが背景にあると考えられる．ほかには，楽天について"監督

表 5.2 回答者の近年の応援チームのホーム球場への来場頻度の分布（2010 年 1 月下旬調査）

(a) セ・リーグ

回　数	1. 巨人		2. 中日		3. ヤクルト	
	人数	割合	人数	割合	人数	割合
0～1 回	22	18.2%	31	25.0%	31	27.2%
2～5 回	81	66.9%	73	58.9%	58	50.9%
6～10 回	10	8.3%	11	8.9%	18	15.8%
11～15 回	3	2.5%	3	2.4%	4	3.5%
16～20 回	2	1.6%	3	2.4%	2	1.7%
21 回以上	3	2.5%	3	2.4%	1	0.9%
合　計	121	100.0%	124	100.0%	114	100.0%

回　数	4. 阪神		5. 広島		6. 横浜	
	人数	割合	人数	割合	人数	割合
0～1 回	32	24.6%	27	21.2%	28	23.0%
2～5 回	80	61.5%	72	56.7%	69	56.6%
6～10 回	13	10.0%	18	14.2%	17	13.9%
11～15 回	3	2.3%	6	4.7%	6	4.9%
16～20 回	1	0.8%	2	1.6%	2	1.6%
21 回以上	1	0.8%	2	1.6%	0	0.0%
合　計	130	100.0%	127	100.0%	122	100.0%

(b) パ・リーグ

回　数	7. 日本ハム		8. 楽天		9. ソフトバンク	
	人数	割合	人数	割合	人数	割合
0～1 回	20	15.3%	41	31.6%	26	20.8%
2～5 回	69	52.7%	65	50.0%	66	52.8%
6～10 回	23	17.6%	20	15.4%	22	17.6%
11～15 回	7	5.3%	0	0.0%	6	4.8%
16～20 回	5	3.8%	2	1.5%	2	1.6%
21 回以上	7	5.3%	2	1.5%	3	2.4%
合　計	131	100.0%	130	100.0%	125	100.0%

回　数	10. 西武		11. ロッテ		12. オリックス	
	人数	割合	人数	割合	人数	割合
0～1 回	21	16.3%	18	14.3%	22	18.0%
2～5 回	66	51.1%	61	48.4%	65	53.3%
6～10 回	19	14.7%	29	23.0%	17	13.9%
11～15 回	5	3.9%	7	5.6%	9	7.4%
16～20 回	9	7.0%	4	3.1%	2	1.7%
21 回以上	9	7.0%	7	5.6%	7	5.7%
合　計	129	100.0%	126	100.0%	122	100.0%

表 5.3 そのチームを応援するようになったきっかけ・理由の回答割合（複数回答，2010年1月下旬調査）

(a) セ・リーグ

選　択	1. 巨人	2. 中日	3. ヤクルト
家族／親戚がファンだったから	57.0%	53.2%	23.7%
友人・知人がファンだったから	8.3%	16.9%	17.5%
地元にあるチームだったから	6.6%	73.4%	24.6%
チームに魅力を感じたから	36.4%	25.0%	40.4%
魅力的な選手がいたから	55.4%	31.5%	40.4%
監督に魅力を感じたから	19.0%	16.9%	9.6%
強いチームだったから	47.1%	9.7%	6.1%
弱いチームだったから	0.8%	0.8%	23.7%
球場での応援に魅力を感じたから	5.0%	11.3%	11.4%
その他	4.1%	1.6%	3.5%

選　択	4. 阪神	5. 広島	6. 横浜
家族／親戚がファンだったから	48.5%	47.2%	27.9%
友人・知人がファンだったから	20.0%	17.3%	15.6%
地元にあるチームだったから	48.5%	64.6%	63.9%
チームに魅力を感じたから	36.9%	37.8%	23.0%
魅力的な選手がいたから	33.8%	33.1%	26.2%
監督に魅力を感じたから	2.3%	7.9%	3.3%
強いチームだったから	9.2%	3.9%	0.8%
弱いチームだったから	15.4%	15.7%	17.2%
球場での応援に魅力を感じたから	20.8%	19.7%	13.1%
その他	3.1%	1.6%	2.5%

(b) パ・リーグ

選　択	7. 日本ハム	8. 楽天	9. ソフトバンク
家族／親戚がファンだったから	19.1%	8.5%	26.4%
友人・知人がファンだったから	12.2%	4.6%	13.6%
地元にあるチームだったから	82.4%	54.6%	76.8%
チームに魅力を感じたから	38.9%	38.5%	27.2%
魅力的な選手がいたから	42.7%	30.0%	25.6%
監督に魅力を感じたから	16.0%	37.7%	20.0%
強いチームだったから	17.6%	0.8%	7.2%
弱いチームだったから	6.9%	30.0%	3.2%
球場での応援に魅力を感じたから	22.9%	10.0%	13.6%
その他	1.5%	3.1%	3.2%

選　択	10. 西武	11. ロッテ	12. オリックス
家族／親戚がファンだったから	29.5%	22.2%	29.5%
友人・知人がファンだったから	11.6%	18.3%	11.5%
地元にあるチームだったから	55.8%	64.3%	64.8%
チームに魅力を感じたから	36.4%	28.6%	24.6%
魅力的な選手がいたから	46.5%	27.0%	35.2%
監督に魅力を感じたから	9.3%	15.9%	12.3%
強いチームだったから	25.6%	0.0%	8.2%
弱いチームだったから	2.3%	11.9%	4.9%
球場での応援に魅力を感じたから	8.5%	30.2%	16.4%
その他	3.9%	2.4%	7.4%

に魅力を感じたから"が37.7%であり,他チームの割合と比較すると非常に高い.このことは野村元監督の影響が大きかったことを示唆している."球場での応援に魅力を感じたから"についても,阪神:20.8%,広島:19.7%,日本ハム:22.9%,ロッテ:30.2%が,比較的高い値となっている.ファンになってもらうために,更には継続して球場に来てもらうために,"球場での応援"というコンテンツの重要性を示している.

さらに,全チームを対象にした,ファンになった年齢のヒストグラムを図5.2に示す.この結果,10歳前後に集中している特徴が見られる.この傾向は,文献[1),4)]でも既に指摘しており,男性のほうがより顕著である.男性はこの年代に野球に興味をもち,野

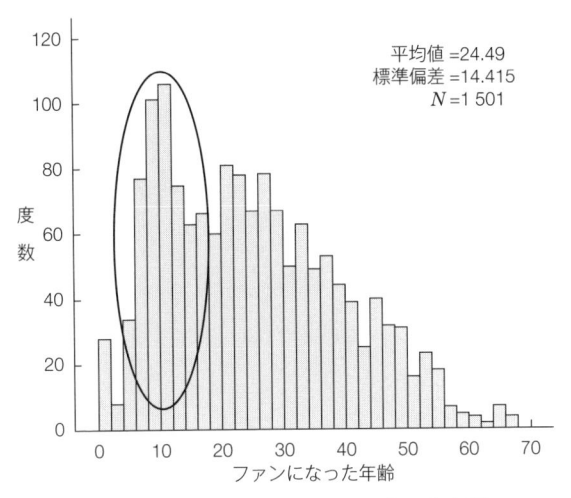

図 5.2 応援しているチームのファンになった年齢
(12球団のすべてのデータ,2010年1月下旬調査)

球で実際に遊び，プロ野球を見始める年代である．球団にとってはこの年代の子どもや家族をターゲットにした新規ファン獲得の施策が有効と考えられる．この年代からファンになってもらえば，顧客生涯価値の拡大が期待できるし，野球という競技の普及にもつながる．その家族に対するビジネスチャンスも魅力的である．

5.4 サービス品質，総合満足度及びロイヤルティ間の因果分析

統計的手法（共分散構造分析）により，サービス品質→総合満足度→応援ロイヤルティ→観戦ロイヤルティの因果モデルを推定した．図 5.3 に 2010 年 1 月下旬調査データに関する 12 チーム

GFI=0.848, AGFI=0.807, CFI=0.906, RMR=0.261, RMSEA=0.088

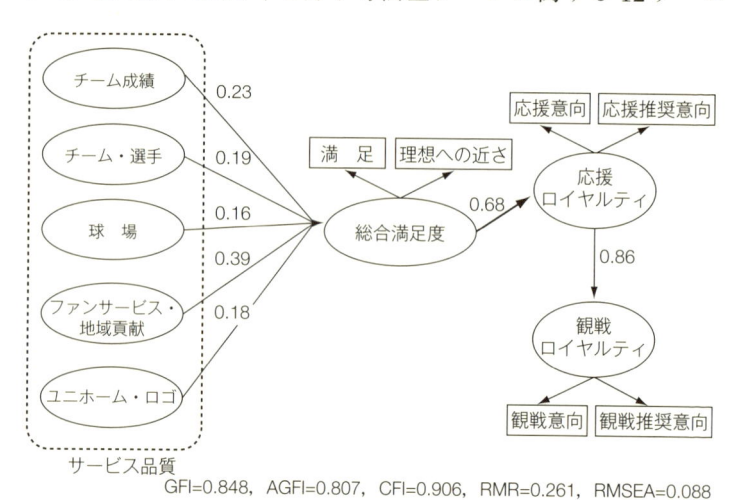

図 5.3 プロ野球チームに関する顧客満足度指数モデルと推定結果（2010 年 1 月下旬調査）

5.4 因果分析

の統一の因果モデルの推定結果を示す．まず，二つ以上の観測変数からなる七つの構成概念の Cronbach のアルファ係数について，係数が 0.83〜0.94 であることから項目間の関連性は高く，構成概念の尺度としては妥当である．次にモデルの適合度指標について，GFI=0.848，AGFI=0.807，CFI=0.906，RMR=0.261，RMSEA=0.088 であり，おおむね妥当であると判断する．

サービス品質の各構成概念の総合満足度に対する効果については，本調査においてもすべての構成概念が統計的に 5%有意となった．すなわち，サービス品質の五つの構成概念がそれぞれ総合満足度に影響を与えていると言える．図 5.4 では，2009 年 1 月下旬調査[1),2)] と 2010 年 1 月下旬調査について，総合満足度に対するサービス品質の各構成概念の効果の比較を示している．2010 年 1 月調

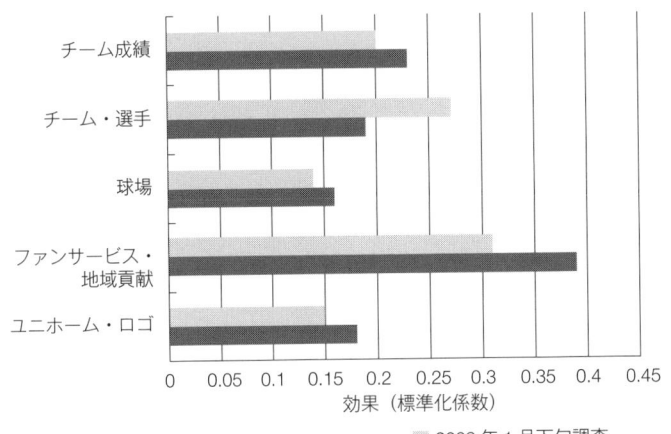

図 5.4 サービス品質の構成概念の総合満足度への効果
(2009 年 1 月下旬調査と 2010 年 1 月下旬の比較)

査の結果においても"ファンサービス・地域貢献"の標準化係数は0.39であり，総合満足度に大きく影響を与えていることがわかった．"ファンサービス・地域貢献"は多くの球団が力を入れてきたところであり，そのあたりの評価を高く認識している回答者は総合満足度にも高くなる傾向があることが示された．

一方，2010年1月下旬調査では"チーム成績"の標準化係数が0.23となり，"チーム・選手"の標準化係数0.19よりも大きな値となっている．これについては，後述する巨人の総合満足度の向上が関係していると考えられる．また，総合満足度から応援ロイヤルティへの標準化係数は0.68，応援ロイヤルティから観戦ロイヤルティの標準化係数は0.86と非常に高く，高度に有意な結果となった．

以上から，サービス品質→総合満足度→応援ロイヤルティ→観戦ロイヤルティの一連の因果パスの有意性が確認され，サービス品質，特に，"ファンサービス・地域貢献"の品質向上が，総合満足度，ロイヤルティの向上につながることが言える．

5.5 各構成概念の指数化

(1) 総合満足度スコア

総合満足度の標準化潜在変数スコア[*6]（脚注[*6]は次ページ）を見ていく．チームごとの総合満足度スコアの平均値と標準偏差（2010年1月下旬調査と2009年1月下旬調査）を表5.4に，チームごとのヒストグラムを図5.5に示す．

各チームの総合満足度スコアの分布は，おおむね対称な正規分布

5.5 各構成概念の指数化

表 5.4 各チームの総合満足度スコア平均値と平均値に基づくランキング

(a) 2010 年 1 月下旬調査

順位	チーム	総合満足度スコア平均値	標準偏差
1位	日本ハム	77.00	(13.13)
2位	巨　人	65.39	(14.16)
3位	楽　天	64.04	(15.26)
4位	西　武	63.18	(13.60)
5位	中　日	63.04	(13.12)
6位	阪　神	61.57	(15.82)
7位	広　島	61.15	(14.16)
8位	ソフトバンク	59.10	(16.25)
9位	ロッテ	57.76	(12.70)
10位	ヤクルト	54.20	(10.64)
11位	オリックス	52.64	(15.88)
12位	横　浜	46.18	(13.71)
パ・リーグ		62.45	(16.35)
セ・リーグ		58.69	(15.16)
全　体		60.60	(15.88)

(b) 2009 年 1 月下旬調査

順位	チーム	総合満足度スコア平均値	標準偏差
1位	日本ハム	75.49	(11.70)
2位	阪　神	70.92	(12.68)
3位	中　日	64.31	(12.99)
4位	西　武	63.87	(14.87)
5位	ロッテ	63.56	(13.85)
6位	ソフトバンク	61.39	(16.47)
7位	楽　天	59.19	(14.47)
8位	巨　人	58.01	(16.49)
9位	広　島	55.79	(14.51)
10位	オリックス	55.46	(16.27)
11位	ヤクルト	50.14	(14.43)
12位	横　浜	48.15	(14.65)
パ・リーグ		63.19	(15.87)
セ・リーグ		58.04	(16.31)
全　体		60.62	(16.29)

に近い形状をしている．このことは総合満足度の尺度の妥当性を示す一つの指標である．いずれの年の調査においても，日本ハムの高い評価が顕著である．チームの成績，チーム・選手などはもちろん，ファンサービス・地域貢献などの評価も非常に高いことが大きな要因である．また，巨人については，2009 年 1 月下旬調査で

[*6] ここでのスコアとは，共分散構造分析モデルから求まる"潜在変数スコア"を標準化（100 点満点に基準化）したものである．"総合的な満足度"と"総合的に見た場合の理想への近さ"の 2 項目の評価に重きを置き，更に"チーム成績"，"チーム・選手"，"球場"，"ファンサービス・地域貢献"，"ユニホーム・ロゴ"等の項目の総合満足度への影響度を考慮しながら，各項目の評価の加重平均として算出している．これらの項目のウェイト（因子スコア・ウェイト）は，共分散構造分析モデルに基づき求めている．

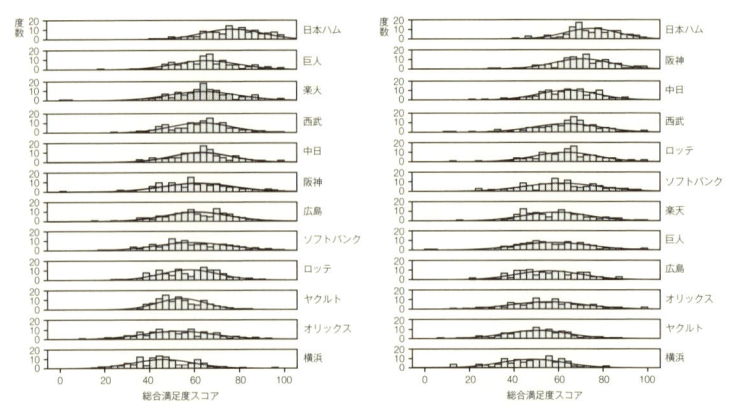

(a) 2010 年 1 月下旬調査　　　(b) 2009 年 1 月下旬調査

図 5.5　総合満足度スコアのヒストグラム

は 8 位であったが，2010 年 1 月下旬調査では，2 位と躍進している．2009 年シーズンに日本一になったことで大きく伸びたと考えられる．楽天も 2010 年 1 月下旬調査では 3 位となっている．チームが徐々に成長し，2009 年シーズンは好成績をあげ，ファンサービス・地域貢献活動の成果もあってこのようなファンからの評価が得られたと考えられる．

そのほかに，興味深いチームとして，広島は総合満足度スコアでは 7 位であるが，2009 年シーズンから新球場に移り，後述するように球場の評価は 1 位になっている．阪神は 2009 年 1 月下旬調査の 2 位から 2010 年 1 月下旬調査では 6 位と下がり，スコアとしても約 9 ポイント下がっている．2009 年シーズンの阪神は，チームの成績もセ・リーグで 4 位，戦いぶりも投打に精彩を欠いた印象であり，そのことが反映された結果と言える．また，横浜，オリッ

クス，ヤクルトの評価が2年連続で低い評価となっている．チームごとの詳細な分析は，5.6節で述べる．

(2) ファンサービス・地域貢献スコアからの考察

近年，各チームはファンサービス・地域貢献に積極的に取り組んでいる．また，5.4節で明らかにしたように，ファンサービス・地域貢献の総合満足度への影響が大きい．ファンサービス・地域貢献スコア平均値とランキングに着目する（表5.5参照）．

2010年1月下旬調査及び2009年1月下旬調査とも，日本ハムを筆頭にパ・リーグの評価が非常に高い．プロ野球の地上波テレビ中継が減少してきているが，もともとパ・リーグはテレビの放映権

表5.5 各チームのファンサービス・地域貢献スコア平均値と平均値に基づくランキング

(a) 2010年1月下旬調査

順位	チーム	ファンサービス・地域貢献スコア平均値	(標準偏差)
1位	日本ハム	77.04	(16.40)
2位	広 島	64.42	(19.04)
3位	楽 天	62.41	(18.13)
4位	ロッテ	61.84	(15.06)
5位	西 武	61.01	(15.76)
6位	ソフトバンク	59.82	(17.81)
7位	オリックス	59.05	(18.37)
8位	阪 神	57.59	(18.38)
9位	巨 人	57.26	(18.48)
10位	中 日	54.74	(17.04)
11位	ヤクルト	53.64	(14.56)
12位	横 浜	50.26	(16.18)
パ・リーグ		63.63	(18.01)
セ・リーグ		56.41	(17.89)
全 体		60.08	(18.30)

(b) 2009年1月下旬調査

順位	チーム	ファンサービス・地域貢献スコア平均値	(標準偏差)
1位	日本ハム	74.11	(15.17)
2位	ロッテ	64.88	(19.20)
3位	ソフトバンク	62.94	(19.32)
4位	阪 神	62.25	(17.76)
5位	楽 天	61.26	(17.33)
6位	西 武	57.65	(16.50)
7位	広 島	56.08	(16.60)
8位	オリックス	55.49	(19.44)
9位	中 日	55.45	(15.56)
10位	横 浜	54.65	(17.20)
11位	ヤクルト	52.38	(16.91)
12位	巨 人	49.47	(17.71)
パ・リーグ		62.76	(18.80)
セ・リーグ		55.12	(17.36)
全 体		58.95	(18.49)

料に依存した経営をすることができなかったことから，地元に根付いたサービスを展開してきた経緯がある．例えば，球場や地域におけるイベントで選手とファンの接点を増やすなど，様々な施策を積極的に行っている．近年は，先端的なマーケティング手法の導入，例えば，ポイントカードを導入して客層や購買履歴を把握してサービス向上に生かすような仕組みを取り入れている球団もある．

ITの活用についても，インターネット上での情報配信，動画配信などを行っている．さらに，2007年にはパ・リーグの共同事業会社"パシフィックリーグマーケティング（PLM）"[5]を設立し，ライセンスサービス，ITサービス，マーケティングサービスをチーム間で共有している．このような背景が，ファンによるファンサービス・地域貢献のスコアの高さに反映されている．

セ・リーグについては，広島がホーム球場の新球場への移転に伴うサービス向上で，2009年1月下旬調査のファンサービス・地域貢献のスコアが56.08ポイント（7位）から2010年1月下旬調査では64.42ポイント（2位）と上昇している．一方で，その他のセ・リーグのチーム，特に関東地区の2チーム（横浜，ヤクルト）の評価は低い．ファンサービス・地域貢献に関する評価について，2年間ともパ・リーグとの差は約7ポイントである．交流戦などでセ・リーグのファンがパ・リーグのチームのホーム球場に足を運ぶ機会が増えて，そこでのファンサービスに触れる機会が増えていることで，セ・リーグのファンは，評価する際の比較対象をもつことで要求が高くなっているとも考えられる．

このようなことから，セ・リーグあるいは12球団全体で，ファ

ンサービスや地域貢献への取組みを考えるべきである.

5.6 チームごとの考察

本節では,チームごとの各構成概念のスコアの値に基づき考察していく.図 5.6 (1) から図 5.6 (12) において,各チームの構成概念スコア平均値を表したレーダーチャートを示す.また,総合満足度スコア平均値,チーム勝率及びホーム球場の平均観客数[6]〜[8]の情報も与えている.ここでのチームの掲載順は,2010 年 1 月下旬調査の総合満足度スコア平均値が高いほうからとしている.また,"総合満足度の評価理由に関する自由記述"からの情報も交えた考察を行う.

なお,総合満足度とファンサービス・地域貢献以外の構成概念スコア(スコア平均値と平均値に基づくランキング)の数値の一覧表を付表 5.1,各チームの実際のチーム成績を付表 5.2,ホーム球場の平均観客数のデータを付表 5.3 に示す(122〜126 ページ参照).

(1) 日本ハム

図 5.6 (1) より,2010 年 1 月下旬及び 2009 年 1 月下旬の調査ともに,日本ハムに対する評価は非常に高く,総合満足度は 2 年連続で 1 位である.特に 2010 年 1 月下旬調査では,総合満足度スコアが 77.00 ポイントであり,2 位の巨人との差が 11.61 ポイントもあり,他を圧倒している結果と言える.その他の構成概念スコアについても全体平均を大幅に上回っている.

2004年において,プロ野球チームが全くなかった北海道・札幌の地に本拠地を移転して以来,球団関係者のファンサービスや地域貢献に対する地道な努力で,地域住民の心を惹きつけている.その球団の営業努力の背景には,1988年に開設した東京ドームの効果で一時的に日本ハムの観客数は増えたが,長続きはしなかった苦い経験が生かされているとされる.また,新庄,ダルビッシュ,稲葉などスター・人気選手が出現してきたことも,大きな成功要因となっている.移転以降から2009年までのチーム成績についても,クライマックスシリーズ進出5回,リーグ優勝3回,日本一1回と立派な成績である.

満足度評価を高くした理由の自由記述において,"北海道にいないと味わえない満足感が多いと思うので","選手とファンの一体

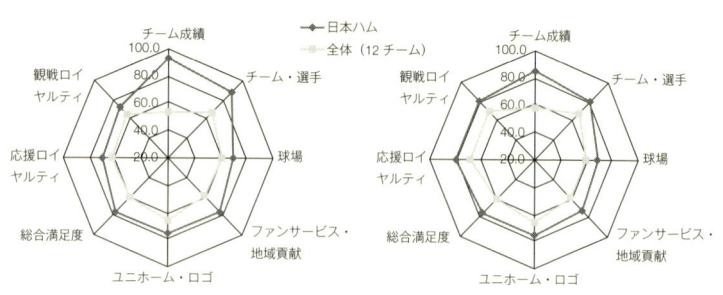

(a) 2010年1月下旬調査 (b) 2009年1月下旬調査

(c) 総合満足度スコア平均値,チーム成績,ホーム球場の平均観客数

調査時期	総合満足度スコア		調査直近シーズンの成績		調査直近シーズンの平均観客数	
	スコア	順位	勝率	順位(同一リーグ)	平均観客数	順位
2010年1月下旬調査	77.00	1位	0.577	1位	29 370	5位
2009年1月下旬調査	75.49	1位	0.514	3位	27 524	5位

図 5.6(1) 日本ハムの各構成概念スコア平均値

感がよい"，"球団，ファンはファンサービスに対して積極的だと思う"，"球団と地元民が一緒に戦っている一体感を感じる"といったコメントが見られる．球団と地元のファンとの間でよい相乗効果が生まれていることがわかる．その相乗効果が実力以上のチーム成績を残しているとの見方もある．

一方で，すべての要素（構成概念）で高い評価であることは大変素晴らしいが，注意すべき点がある．本調査は，ファンの応援しているチームに対する評価である．また，すべてが回答者の知覚による評価であり，総合満足度やその他の項目の評価は，回答者の今までの経験からの期待値がベースにあると考えられる．北海道・札幌という地域性から，競合するような球団があるわけではなく，球場設備・サービスやファンサービスに関して比較対象がほとんど存在しない．そのことが高い評価につながっていることについて全くないとは言えない．

今後は，ファンの期待が高くなってくることから，それを上回るチームパフォーマンス，ファンサービスの提供が求められる．2010年シーズンのチーム成績は下降し，更に近年の日本ハムの若手選手も伸び悩んでいるように感じられる．スター選手のメジャーリーグへの流出も危惧される．幸いにして，超人気でスター候補の斎藤佑樹選手が入団した．これらのことが，今後の評価にどう反映していくかは大変興味深い．

(2) 巨 人

図 5.6 (2) より，まず，総合満足度スコアについて，2009 年 1

月下旬調査では58.01ポイント（8位）から2010年1月下旬調査では65.39ポイント（2位）と躍進している．2009年シーズンの巨人は，圧倒的な強さでリーグ3連覇を達成して，日本シリーズでは日本ハムを4勝2敗で下して2002年以来の日本一となっている．選手も若手の生え抜き選手が活躍し始めている．一方，2008年もリーグ優勝してはいるが日本一にはなっていない．

高い評価をしている理由として"日本一"，"チーム成績"を挙げている意見が目立つ．2010年1月下旬調査において，チーム成績スコアは83.74ポイント（2位），チーム・選手スコアは75.17ポイント（2位）となっている［付表5.1(1)及び付表5.1(2)を参照］．

このような結果を踏まえると，巨人のファンはチームの勝利を重視し，期待する傾向が強いと考えられ，極端な言い方をすると日本

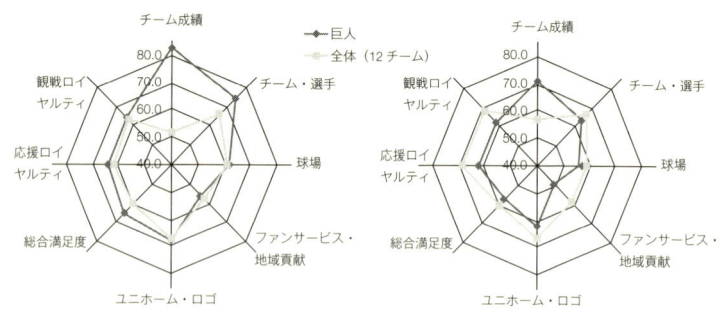

(a) 2010年1月下旬調査　　　　(b) 2009年1月下旬調査

(c) 総合満足度スコア平均値，チーム成績，ホーム球場の平均観客数

調査時期	総合満足度スコア		調査直近シーズンの成績		調査直近シーズンの平均観客数	
	スコア	順位	勝率	順位（同一リーグ）	平均観客数	順位
2010年1月下旬調査	65.39	2位	0.659	1位	43 502	2位
2009年1月下旬調査	58.01	8位	0.568	1位	42 409	2位

図5.6（2） 巨人の各構成概念スコア平均値

一にならないと満足しないのかもしれない．別項目として"そのチームに最も期待することは何か"を質問した調査結果を表5.7に示す．巨人に関しては"常に優秀な成績をおさめること"の割合が42.1%であり，全体のその割合の18.4%よりもかなり高い比率であることがわかる．巨人は，言うまでもなく伝統と歴史のあるチームであり，長嶋や王のような球界を代表する選手を輩出し，V9に象徴されるように立派な成績を残してきた．そのようなことから，ファンが求める理想像はかなり高いものと推察される．したがって，ファンを満足させるためには，質の高いパフォーマンスに上げる必要がある．

巨人のファンサービス・地域貢献のスコアについて，2009年1月下旬調査では49.47ポイント（12位），2010年1月下旬調査では57.26ポイント（9位）である［表5.5参照（91ページ）］．実際の巨人のファンサービスについては，近年は，様々な企画イベントが行われており，質・量ともに平均以上の水準のサービス提供をしていることは間違いない．

表5.7 "巨人を応援する回答者が最も期待すること(単一回答)"に関する集計結果（2010年1月下旬調査より）

選　　択	全体	巨人
常に優秀な成績をおさめること	18.4%	42.1%
そのチームが地域住民やファンの誇りとなり，シンボルとなること	25.6%	2.5%
常にファンサービスが充実していること	7.5%	5.8%
常に選手が全力で戦い，迫力あるおもしろい野球を見せてくれること	48.0%	49.6%
その他	0.5%	0.0%

自由記述においても，サービスのよさを挙げているコメントもある．しかしながら，表 5.7 から，巨人に関する期待する項目"常にファンサービスが充実していること"の割合は 5.8%とかなり低い．人気チームということから，選手とファンとが接する機会が限定されてしまい，ファンの高い評価を得ることは困難であり，そのような状況からファンサービスに期待できないと思われているのかもしれない．

地域貢献についても，表 5.7 により，巨人に期待する項目"そのチームが地域住民やファンの誇りとなり，シンボルとなること"の割合も 2.5%であり，かなり低い割合である．巨人はもともと全国区のチームであり，また本拠地の東京の地域性（住民の地元意識が希薄）という事情からも，高い評価を得るのは難しい．

ファンサービスに関しては，例えば，最新の IT やソーシャルメディア（ブログ，ツイッターなど）を駆使することで，ファンと選手との距離を縮められる可能性がある．

巨人というチームは，チーム成績，チーム・選手の魅力，チーム方針・戦術，それを支えるための選手の育成の仕組みはもちろんのこと，質の高いファンサービス提供を含めた球団経営の要素など，すべてにおいてトップ水準であるべきであり，プロ野球界の先導者であることを宿命とされており，またそれだけの潜在能力は十分にある．

(3) 楽　天

図 5.6 (3) より，まず，総合満足度スコアについて，2009 年 1

月下旬調査では 59.19 ポイント（7 位）から 2010 年 1 月下旬調査では 64.04 ポイント（3 位）とかなり上昇した．自由記述において，地域密着，チームの成長を評価するコメントが見られる．

2009 年シーズンは，リーグ 2 位でクライマックスシリーズでも第 2 ステージに進み，好成績をあげた．2010 年 1 月下旬調査のチーム成績スコアは 77.36 ポイント（3 位），チーム・選手スコアは 74.19 ポイント（3 位）と高い評価を得た［付表 5.1（1）及び付表 5.1（2）を参照］．ファンサービス・地域貢献スコアについても，表 5.5 より，2009 年 1 月下旬調査では 61.26 ポイント（5 位），2010 年 1 月下旬の調査では 62.41 ポイント（3 位）と高い評価である．

このように，チーム成績，ファンサービス・地域貢献活動，全体

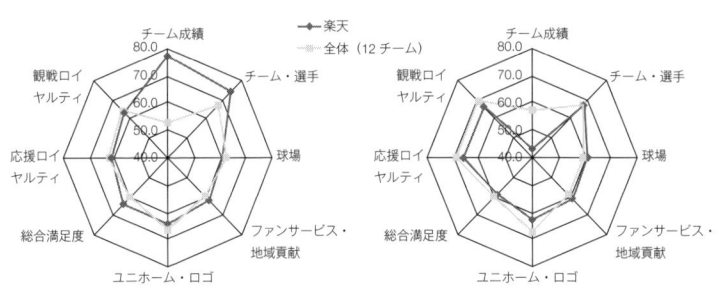

(a) 2010 年 1 月下旬調査　　　　(b) 2009 年 1 月下旬調査

(c) 総合満足度スコア平均値，チーム成績，ホーム球場の平均観客数

調査時期	総合満足度スコア		調査直近シーズンの成績		調査直近シーズンの平均観客数	
	スコア	順位	勝率	順位（同一リーグ）	平均観客数	順位
2010 年 1 月下旬調査	64.04	3 位	0.538	2 位	16 854	12 位
2009 年 1 月下旬調査	59.19	7 位	0.461	5 位	16 160	11 位

図 5.6（3）　楽天の各構成概念スコア平均値

的なチームの成長の成果もあってファンからの高い評価が得られたと考えられる．一方で，2010年1月下旬調査の時点において，野村元監督の交代やそのプロセスを残念に思う声，2010年シーズンでのチームパフォーマンスに対する期待と不安，現在のホーム球場（日本製紙クリネックススタジアム宮城）の収容人員不足の問題に関するコメントが見られた．2010年シーズンを終えてみると，これらの指摘された問題が現実化されたことは否めない．2011年に向けては，星野監督に交代し，選手補強も行っている．今後の成績や評価にどう反映していくかは注目に値する．

(4) 西 武

図5.6（4）より，総合満足度スコアについて，両年の調査とも約63ポイント（4位）であり安定している．チーム成績について，2008年シーズンは日本一になっているが，2009年シーズンはリーグ4位でクライマックスシリーズにも進めなかった．しかしながら，2010年1月調査では総合満足度4位であり，総合力で安定していると言える．チーム・選手の要素については，もともと1982年から2006年まで25年連続Aクラスの実績があり，コンスタントに人気・実力選手が出てくるチームである．

ファンサービス・地域貢献については，2005年以降，球場設備の改装，イベントの強化，球場と球団との連携（事業再編），ファンクラブ会員に対するCRM（顧客関係管理）システムの導入，チーム名に埼玉を付けるなどの様々な改善を行っている．2010年1月下旬調査のファンサービス・地域貢献スコアについては61.01

ポイント（5 位）の位置にある（表 5.5 参照）．

今後の課題の一つとしては，球場でのファンの一体感の演出である．西武では球団主導で応援フラッグを使った応援を推進しているが，まだ一体感には改善の余地がある．2010 年 1 月下旬調査での関連個別項目（10 段階）の評価において，"球場での応援"は 7.2 ポイント（9 位），"球場での雰囲気"は 7.3 ポイント（9 位），"そのチームを通じてホーム球場でファンが一つになっている"は 6.6 ポイント（9 位）である．前述のとおり，"球場での応援"がそのチームのファンになるきっかけにもなり得る．さらに，チームの勝利にもかなり影響することが考えられる．日本ハムや阪神については，"球場での応援"や"球場での雰囲気"は高い評価であり，ホーム球場での勝率はかなり高い．プロ野球の選手であっても精神

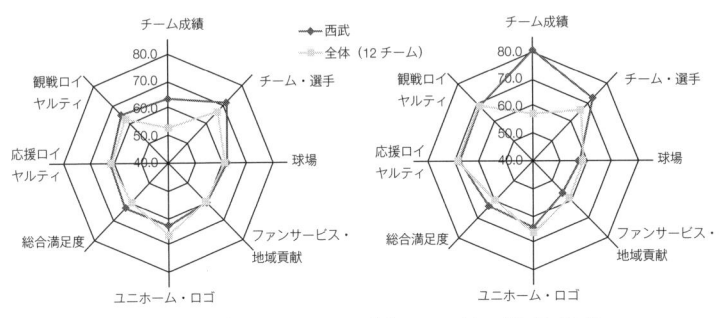

(a) 2010 年 1 月下旬調査　　　(b) 2009 年 1 月下旬調査

(c) 総合満足度スコア平均値，チーム成績，ホーム球場の平均観客数

調査時期	総合満足度スコア		調査直近シーズンの成績		調査直近シーズンの平均観客数	
	スコア	順位	勝率	順位（同一リーグ）	平均観客数	順位
2010 年 1 月下旬調査	63.18	4 位	0.500	4 位	21 149	7 位
2009 年 1 月下旬調査	63.87	4 位	0.543	1 位	19 856	7 位

図 5.6（4） 西武の各構成概念スコア平均値

的な要素は重要であり，ファンの声援，特に組織的な応援はかなり後押しになるし，相手チームにとっては脅威になる．今後は，"球場での応援"や"球場での雰囲気"がどう変化していくかについて注目していきたい．

(5) 中　日

図 5.6（5）より，総合満足度スコアについて，2009 年 1 月下旬調査では 64.31 ポイント（3 位），2010 年 1 月下旬の調査では 63.04 ポイント（5 位）であり，2 年間でポイントと順位を下げたが，総合満足度としては比較的安定している．チーム成績スコアとチーム・選手スコアも全体平均を上回っている．また，単なる勝利だけでなく，チーム方針・戦術に共感する意見が目立つ．関連個別

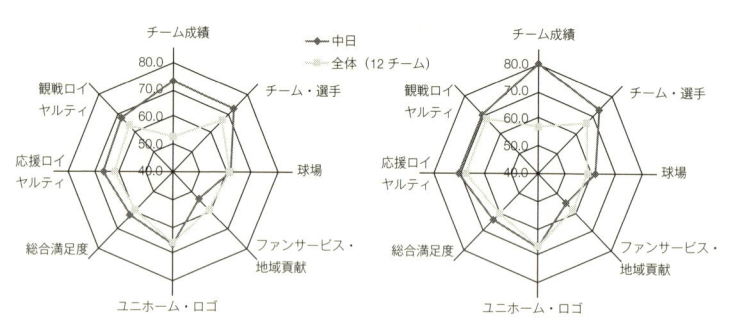

(a) 2010 年 1 月下旬調査　　　　(b) 2009 年 1 月下旬調査

(c) 総合満足度スコア平均値，チーム成績，ホーム球場の平均観客数

調査時期	総合満足度スコア		調査直近シーズンの成績		調査直近シーズンの平均観客数	
	スコア	順位	勝率	順位（同一リーグ）	平均観客数	順位
2010 年 1 月下旬調査	63.04	5 位	0.566	2 位	33 413	3 位
2009 年 1 月下旬調査	64.31	3 位	0.525	3 位	35 249	3 位

図 5.6（5） 中日の各構成概念スコア平均値

項目"そのチームには独自のスタイル(戦術,チーム方針など)を感じる"(10段階)について,2009年1月下旬調査では7.9ポイント(1位),2010年1月下旬調査では7.8ポイント(2位)と高い評価を得ている.現在の中日の強みは,このチーム方針・戦術の魅力あたりであると考えられる.

一方で,ファンサービス・地域貢献スコアについて見てみると,2009年1月下旬調査では55.45ポイント(9位),2010年1月下旬の調査では54.74ポイント(10位)である(表5.5参照).落合監督の"勝利こそが最大のファンサービス"という持論については,それに共感するファンの意見もあるが,全体的にはファンサービスの充実を求める声が多く見られる.この監督の考え方からのイメージが中日のファンサービスに対する評価を下げている感がある.名古屋周辺には,他のプロ野球チーム,特にパ・リーグのチームがないため,他チームのファンサービスに触れる機会がなく,この数値でさえ有利に働いた結果である可能性もある.

気になるデータとして,ホーム球場の平均観客数は全体の順位は3位であるが,2009年シーズンでは前年比で減少し,セ・リーグでは唯一の減少したチームであった.監督の考えは,それはそれとして,球団がファンサービスの重要性を認識し,現在行っているファンサービスの広報も含めて,試合に影響を与えないような配慮をしながらファンと選手の交流を増やすように組織的に取り組むべきではないかと考える.

(6) 阪　神

現在，阪神は最も人気が高いチームとされ，ホーム球場での平均観客数は 2009 年及び 2008 年ともに全体で 1 位である．図 5.6 (6) より，総合満足度スコアについて，2009 年 1 月下旬調査では 70.92 ポイントの 2 位であった．この年の調査ではどの構成概念スコアでも大幅に全体平均を上回っている．

しかし，2010 年 1 月下旬の調査では，すべての構成概念スコアで低下した．主な原因は，2009 年シーズンの精彩を欠いた戦いぶりとチーム成績の低下である．2010 年 1 月下旬調査ではファンサービス・地域貢献スコアも全体平均を下回った．その中で，ユニホーム・ロゴ，応援ロイヤルティ，観戦ロイヤルティのスコアは全体平均を上回っている．

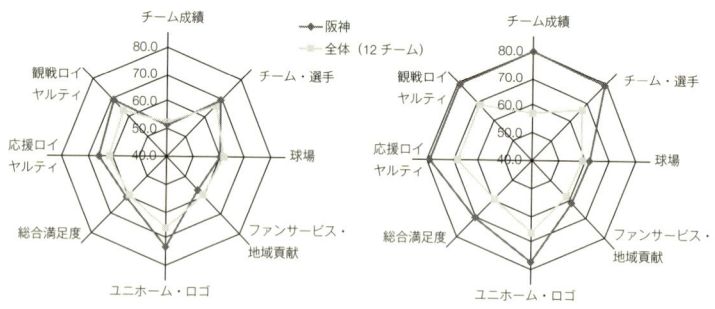

(a) 2010 年 1 月下旬調査　　(b) 2009 年 1 月下旬調査
(c) 総合満足度スコア平均値，チーム成績，ホーム球場の平均観客数

調査時期	総合満足度スコア		調査直近シーズンの成績		調査直近シーズンの平均観客数	
	スコア	順位	勝率	順位 (同一リーグ)	平均観客数	順位
2010 年 1 月下旬調査	61.57	6 位	0.479	4 位	44 320	1 位
2009 年 1 月下旬調査	70.92	2 位	0.555	2 位	42 955	1 位

図 5.6 (6)　阪神の各構成概念スコア平均値

5.6 チームごとの考察

一方,阪神に関する満足度評価を高くした理由の自由記述を見ると,"大阪人だから","弱いシーズンのときも見逃せない雰囲気がある","地元に元気を与えてくれる","球場の雰囲気とファンの熱い応援"などのコメントが目を引く.

2010年1月下旬調査での関連個別項目(10段階)の評価において,"球場での応援"は8.0ポイント(3位),"球場の雰囲気"は8.1ポイント(3位),"そのチームは,本拠地の独自のイメージを創っている"は8.1ポイント(1位),"そのチームを通じて球場以外でもファンが一つになっている"は7.4ポイント(1位)である.

阪神というチームは,大阪の文化として根付いており,チームの勝利などは超越した魅力があるようである.ファンの阪神というチームへの帰属意識,更にはファン同士の帰属意識は非常に高い.また,甲子園球場の独特の雰囲気は人々をかなり惹きつけるものである.ただ,球団としては,このままでよいというわけではない.

自由記述には"ファンに寄りかかり過ぎている"とのコメントもある.チーム・選手,ファンサービス・地域貢献については,少なくとも全体平均をコンスタントに上回るための経営努力は必要である.

巨人と同様の課題ではあるが,人気チームとしてファンサービスの提供方法(例えば,最新のIT・ソーシャルメディアを活用したサービス)を検討する価値はある.なお,グッズに関する評価項目(10段階)では,2010年1月下旬調査でも7.6ポイント(1位)であり,そのような取組みをもっといろいろなサービスに展開すればおもしろい.

(7) 広 島

広島の総合満足度スコアについては，図 5.6（7）より，2010 年1月下旬調査では 61.15 ポイント（7位）で順位としては高いとは言えない．一方で，球場の評価については，2010 年1月下旬調査で 72.67 ポイント（1位）［付表 5.1（3）を参照］となり，新球場の効果が反映された結果となっている．

ファンサービス・地域貢献のスコアについても，2010 年1月下旬調査では 64.42 ポイント（2位）である（表 5.5 参照）．新球場への移転に伴い，様々な取組みを行ったことが高い評価に結び付いていると考えられる．興味深い点として，ユニホーム・ロゴ，応援ロイヤルティや観戦ロイヤルティのスコアが高い．また，2010 年1月下旬調査での関連個別項目（10 段階）の評価において，"球

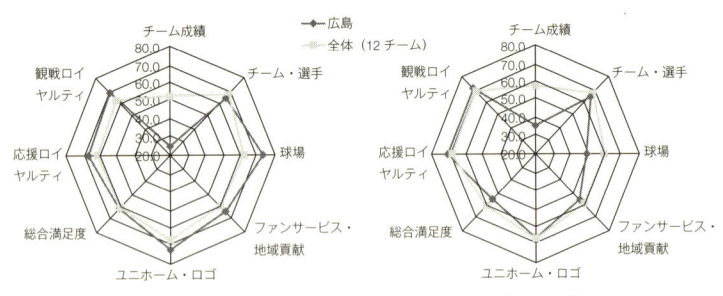

(a) 2010 年1月下旬調査　　　(b) 2009 年1月下旬調査

(c) 総合満足度スコア平均値，チーム成績，ホーム球場の平均観客数

調査時期	総合満足度スコア		調査直近シーズンの成績		調査直近シーズンの平均観客数	
	スコア	順位	勝率	順位（同一リーグ）	平均観客数	順位
2010年1月下旬調査	61.15	7位	0.464	5位	26 629	6位
2009年1月下旬調査	55.79	9位	0.472	4位	19 977	8位

図 5.6（7） 広島の各構成概念スコア平均値

場での応援"は 8.2 ポイント (2 位), "球場の雰囲気"は 8.4 ポイント (2 位), "そのチームは, 本拠地の独自のイメージを創っている"は 7.7 ポイント (3 位), "そのチームを通じて球場以外でもファンが一つになっている"は 7.0 ポイント (3 位) であり, これらの評価の高さは日本ハム, 阪神と類似している.

広島については, チーム成績, チーム・選手のスコアが全体平均を下回っており, 言うまでもなく, 現状の大きな課題である. 逆に言えば, 日本ハム, 阪神のように, チーム成績がよくなれば, 総合満足度のスコアが急上昇する可能性がある.

(8) ソフトバンク

ソフトバンクは, 平均観客数については全体でも 4 位, パ・リーグでは 1 位と球界のトップ水準である (付表 5.3 参照). 親会社がダイエー時代に, 地域密着の球団経営を掲げ, 地域住民のファンの掘り起こしのための様々な施策を行うことで集客を増やしてきた. 現在のパ・リーグの地域密着経営の先駆者と言える.

しかしながら, 図 5.6 (8) より, 2010 年 1 下旬調査では, 総合満足度スコアが 59.10 ポイント (8 位) と低迷している. 他の構成概念スコアも, 2010 年 1 下旬調査では, 球場以外は, 全体平均を下回っている. また, 本来, ソフトバンクの強みであるファンサービス・地域貢献のスコアもあまり高い値とは言えない.

主な原因の一つは, チーム成績に関して, 近年優勝していないことである. また, クライマックスシリーズに進出しても日本シリーズまでは一度も進んでいないこと, そこでの戦いぶりが, 全体の評

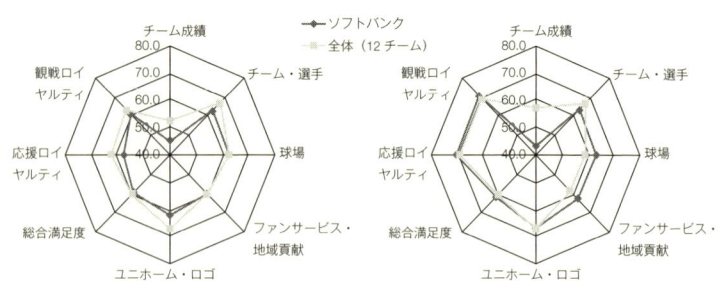

(a) 2010年1月下旬調査　　　　　(b) 2009年1月下旬調査

(c) 総合満足度スコア平均値，チーム成績，ホーム球場の平均観客数

調査時期	総合満足度スコア		調査直近シーズンの成績		調査直近シーズンの平均観客数	
	スコア	順位	勝率	順位（同一リーグ）	平均観客数	順位
2010年1月下旬調査	59.10	8位	0.532	3位	31 854	4位
2009年1月下旬調査	61.39	6位	0.454	6位	32 069	4位

図 5.6（8） ソフトバンクの各構成概念スコア平均値

価に負の影響を与えているかもしれない．

　ファンサービス・地域貢献については，客観的に見れば高い水準であるが，ファンの期待値が上がってしまい，そのことが"当たり前"という認識になって，比較的低い評価につながっている可能性がある．とにかく，ソフトバンクについては，優勝する実力があるチームであることから，その目標の達成が最も望まれる．

（9）ロッテ

　図 5.6（9）より，2010年1月下旬調査の総合満足度スコアは 57.76 ポイント（9位）と低い結果となっている．この原因は，2009 年シーズンのチーム成績の不振と前監督の交代を巡る混乱であると考えられる．ただ，2010 年シーズンのチーム成績を見る

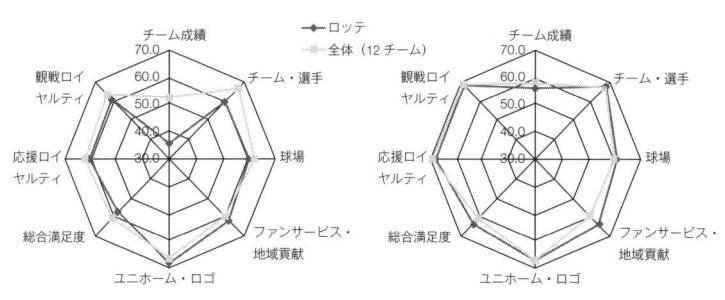

(a) 2010 年 1 月下旬調査　　　　　　(b) 2009 年 1 月下旬調査

(c) 総合満足度スコア平均値，チーム成績，ホーム球場の平均観客数

調査時期	総合満足度スコア		調査直近シーズンの成績		調査直近シーズンの平均観客数	
	スコア	順位	勝率	順位（同一リーグ）	平均観客数	順位
2010 年 1 月下旬調査	57.76	9 位	0.446	5 位	20 350	8 位
2009 年 1 月下旬調査	63.56	5 位	0.510	4 位	22 245	6 位

図 5.6（9） ロッテの各構成概念スコア平均値

と，この問題はかなり解消されているようである．

ロッテのファンサービス・地域貢献については，いろいろな取組みを実施してきた経緯がある．2009 年シーズンの状況が反映されている 2010 年 1 月下旬調査においても，ファンサービス・地域貢献スコアは 61.84 ポイント（4 位）と比較的高い（表 5.5 参照）．ロッテにおけるいくつかの取組みの一つとして，2006 年からロッテはホーム球場［千葉マリンスタジアム（現 QVC マリンフィールド）］の指定管理者となり，球団主導で球場でのサービスを行えるようになった．これにより，サービス及び収益の向上につながったとされる．また，2005 年から，ファンクラブ会員に対して CRM（顧客関係管理）システムを導入し，様々な顧客のニーズを分析することで，魅力的なサービス企画や商品開発に役立てている．そのほか，

地域の企業・団体との提携による取組みも積極的に行っている．

ロッテは，現在のパ・リーグの先進的な経営の取組みの基礎を築いた球団と言える．ファンサービスに関する基盤がしっかりしていることから，中長期的には安定した評価が期待できる．

(10) ヤクルト

全体的に厳しい評価である．2009年シーズンはリーグ3位でクライマックスシリーズに進出したにも関わらず，図5.6 (10) より，2010年1月下旬調査の総合満足度スコアは54.20ポイント (10位) であった．特に，同年調査のファンサービス・地域貢献のスコアは53.64ポイント (11位) と低い (表5.5参照)．

前述のとおり，関東地区のセ・リーグのチームのファンは，交流

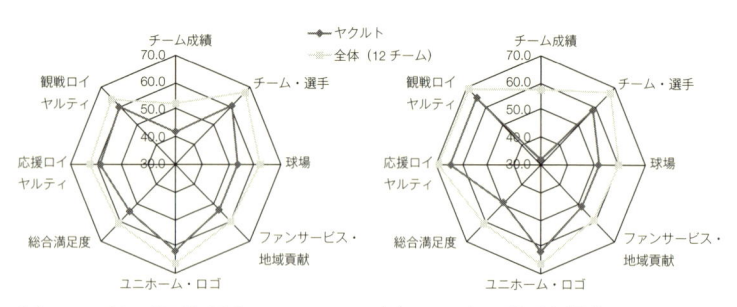

(a) 2010年1月下旬調査 (b) 2009年1月下旬調査

(c) 総合満足度スコア平均値，チーム成績，ホーム球場の平均観客数

調査時期	総合満足度スコア		調査直近シーズンの成績		調査直近シーズンの平均観客数	
	スコア	順位	勝率	順位 (同一リーグ)	平均観客数	順位
2010年1月下旬調査	54.20	10位	0.497	3位	18 565	9位
2009年1月下旬調査	50.14	11位	0.465	5位	18 272	9位

図 5.6 (10) ヤクルトの各構成概念スコア平均値

戦の際にパ・リーグのチームの球場に応援に行く機会があるため，そこでのファンサービスに接することになる．自由記述の中にも"パ・リーグのファンサービスと比較すると見劣りがする"といったコメントが見られる．ヤクルトも地域に根ざしたチームを目指すためにチーム名称に"東京"を入れる，ファンと選手が触れ合えるイベントを実施するなどの努力はしているが，比較対象があることで評価が厳しくなっていることが考えられる．

また，ヤクルトが積極的なファンサービスを行うことの障壁として，ホーム球場（明治神宮野球場）との関係の問題がある．明治神宮野球場は学生野球が優先されるため，日程自体やヤクルトの試合前のファンサービスにはかなりの制約がある．ただ，将来性豊かな若手選手もいることから，チーム・選手の魅力はもっと上昇する可能性がある．IT・ソーシャルメディアを活用した球場以外でのファンサービスに活路を見出す余地もあり，今後に注目したい．

(11) オリックス

オリックスも全体的に厳しい評価である．図 5.6 (11) より，2009 年シーズンはチーム成績がパ・リーグ最下位であったことも影響してか総合満足度スコアは 52.64 ポイント（11 位）であった．また，応援ロイヤルティや観戦ロイヤルティスコアの低さも気になる［付表 5.1 (5) 及び付表 5.1 (6) を参照］．自由記述を見ると，チーム成績の不満の声もあるが，2004 年の近鉄との統合に関する意見がいまだに存在する．

このようなコメントを踏まえると，新たなチームとしてイメージ

戦略をもっと積極的に行う必要があると感じる．また，同じ関西地区の超人気チームである阪神の存在も，現状では不利に働いている．すなわち，周囲の影響や話題性で新規ファンが阪神に流れてしまう状況にあると考えられる．

しかしながら，ファンサービス・地域貢献スコアについては，2010年1月下旬調査では59.05ポイント（7位）と全体平均（60.08ポイント）に近い値である（表5.5参照）．自由記述を見ると，オリックスのファンサービスに対しては好意的な意見が目立つ．パ・リーグであることから，ファンサービスのフレームワークが共有されている効果と言える．チーム・選手の部分は，2010年シーズンは若手の主力打者，主力投手がタイトルを獲得するなど魅力が出てきている．球団として中長期的な視点で施策を立案し，推

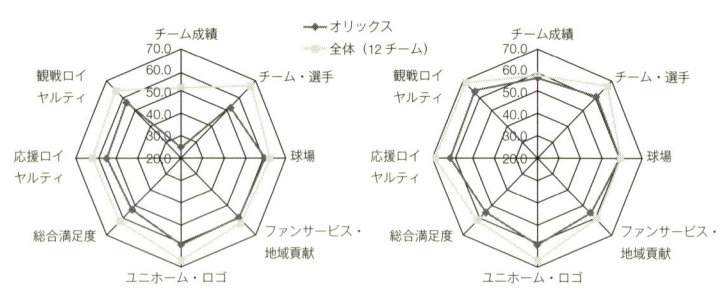

(a) 2010年1月下旬調査　　　　　(b) 2009年1月下旬調査

(c) 総合満足度スコア平均値，チーム成績，ホーム球場の平均観客数

調査時期	総合満足度スコア		調査直近シーズンの成績		調査直近シーズンの平均観客数	
	スコア	順位	勝率	順位（同一リーグ）	平均観客数	順位
2010年1月下旬調査	52.64	11位	0.394	6位	17 495	11位
2009年1月下旬調査	55.46	10位	0.524	2位	17 378	10位

図 5.6（11）　オリックスの各構成概念スコア平均値

5.6 チームごとの考察

し進めれば，人気・実力ともによいチームになる望みはあるのではないか．また，先に挙げた阪神との関係についても，オリックスが有力チームになれば，交流戦での"関西ダービー"の企画が盛り上がると思うし，そうなることを期待する．

(12) 横 浜

図 5.6 (12) より，総合満足度スコアについて，2009 年 1 月下旬調査では 48.15 ポイント (12 位)，2010 年 1 月下旬調査でも 46.18 ポイント (12 位) と非常に厳しい結果となっている．いろいろ原因は考えられるが，やはりチーム成績が 2008 年及び 2009 年シーズンともにセ・リーグ最下位であることが当然ながら挙げられる．また，2010 年 1 月下旬調査では，チーム・選手スコアは

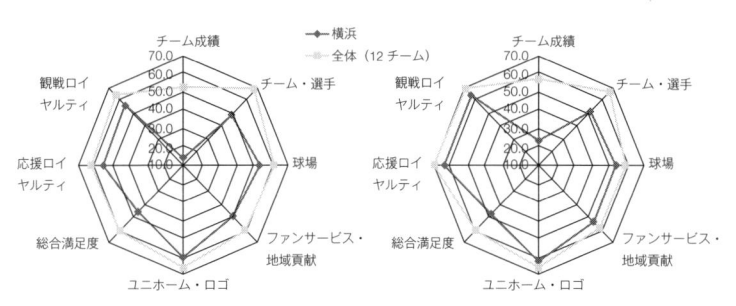

(a) 2010 年 1 月下旬調査　　　(b) 2009 年 1 月下旬調査

(c) 総合満足度スコア平均値，チーム成績，ホーム球場の平均観客数

調査時期	総合満足度スコア		調査直近シーズンの成績		調査直近シーズンの平均観客数	
	スコア	順位	勝率	順位 (同一リーグ)	平均観客数	順位
2010 年 1 月下旬調査	46.18	12 位	0.354	6 位	17 512	10 位
2009 年 1 月下旬調査	48.15	12 位	0.446	6 位	16 013	12 位

図 5.6 (12) 横浜の各構成概念スコア平均値

49.09 ポイント（12 位），球場スコアは 53.81 ポイント（11 位），ファンサービス・地域貢献スコアは 50.26 ポイント（12 位）と全般的にもほぼ最下位のスコアであった［付表 5.1（2），付表 5.1（3）及び表 5.5 を参照］．

実際には，すべてがここまで低水準ではないはずであるが，チーム成績の低迷がファンによる様々な評価に悪影響を与えている．また，応援ロイヤルティや観戦ロイヤルティスコアも最下位かそれに近い値である［付表 5.1（5）及び付表 5.1（6）を参照］．ファンの応援・観戦意欲の低下が気になるところである．そのことが，チーム成績，選手のモチベーション，更には球団経営にも負の影響を与えて，現状では，負のスパイラルに陥っているようにも感じる．

2010 年シーズンは，改革元年と称し，フロントの人事も刷新し，新しい監督を迎えてスタートしたが，成果はあまり出せずに，シーズンの最後には球団の売却交渉の進行が報道された．売却交渉は不調に終わり，引き続き現在の親会社が球団保有を継続することになったが，選手やファンに対する負の影響は決して小さくない．

横浜の一つの強みは，ホーム球場（横浜スタジアム）の立地のよさである．関連個別項目である"球場の立地（アクセス）"（10 段階）は，2009 年 1 月下旬調査では 7.8 ポイント（1 位），2010 年 1 月下旬調査でも 7.4 ポイント（1 位）と非常に高い評価である．球団売却交渉の中で，本拠地の移転の構想があったようであるが，横浜という地域ブランドのイメージ，球場の立地とアクセスのよさは非常に魅力的である．球場と球団との連携の問題も指摘されているが，できるかぎり両者が Win-Win になる状況を見いだして，地域

密着と質の高いファンサービス提供を目指していくべきと考える．

また，横浜は，関東のセ・リーグのチームということで，かつては有望な選手の獲得もしやすい環境にあった．このように，"地の利"を生かしながら，的確な経営判断，熱意，実行力があればまだ復活の可能性はあると信じている．

5.7 総合満足度スコア，ホーム球場の平均観客数及びチーム勝率に関する関連性分析

総合満足度スコアの妥当性を検証するために，総合満足度スコア平均値とホーム球場の平均観客数及びチーム勝率の関連性の分析を行った．ホーム球場の平均観客数は，チームの経営成果指標の一つとして位置付けられる．総合満足度の向上が経営成果の向上につながるかどうかの検証が目的となる．また，チームの実際の勝率は，当然ながら，総合満足度に影響を与えるものと考えられるが，他の要素の影響もあることから，その関連性の強さを見ていくことにする．

まず，図 5.7 に総合満足度スコアと平均観客数の散布図と相関

(a) 総合満足度スコア平均値（2010 年 1 月下旬調査）　(b) 総合満足度スコア平均値（2009 年 1 月下旬調査）

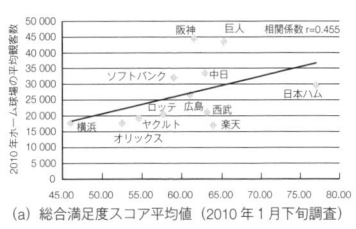

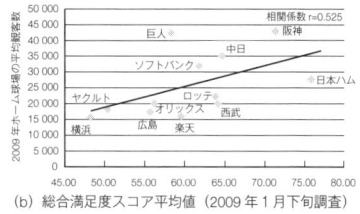

図 5.7 総合満足度スコア平均値とホーム球場の平均観客数との関係

係数を示す．2010年1月下旬調査の各チームの総合満足度スコア平均値と2010年ホーム球場の平均観客数との間の相関係数は，$r=0.455$，2009年1月下旬調査の相関係数は$r=0.525$となり，両年とも無相関の検定は5%有意ではないものの，散布図の布置などから，総合満足度スコアと平均観客数との間に正の相関があることを示唆している．

また，図5.8に総合満足度スコアとチーム勝率との散布図と相関係数を示す．2010年1月下旬調査の相関係数は$r=0.771$となり，無相関の検定も5%有意となった．2009年1月下旬調査の相関係数は$r=0.530$となり，5%有意ではなかったが関連性の存在を示唆している．ただし，2010年1月下旬調査結果のほうが関連性の度合いは高く，前述のとおり，2009年シーズンの巨人のチーム成績の評価の影響が反映されていると考えられる．

次に，個々の要素の関連性だけではなく，総合満足度スコア平均値，ホーム球場の平均観客数と関係性を同時に考慮した関連性モデルによる解析を行う．また，ホーム球場の平均観客数は，球場の所在地周辺の人口に影響することから，その影響を取り除くためのコントロール変数として，ホーム球場所在地の人口密度を取り上げた．

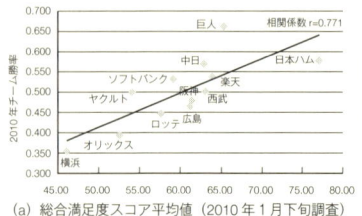

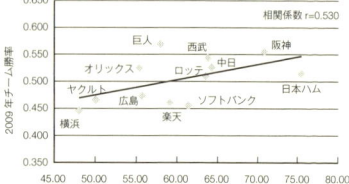

(a) 総合満足度スコア平均値（2010年1月下旬調査）　(b) 総合満足度スコア平均値（2009年1月下旬調査）

図5.8 総合満足度スコア平均値とチーム勝率の関係

そのモデルの推定結果を図 5.9 に示す（矢線近くの数値は相関係数の推定値を表す）．これは，モデルの適合度は必ずしも高くはないが，両年の調査データからの推定モデルとも，総合満足度スコアの平均値とホーム球場の平均観客数の間に関連性があることを示している．ただし，その度合いは 2009 年 1 月下旬調査結果のほうが高い．また，チーム勝率とホーム球場の平均観客数の間の関連性については，2010 年 1 月下旬調査結果のほうがその度合いが高い．これについても，2009 年 1 月下旬調査結果では，パ・リーグを中心としたファンサービス・地域貢献の要因が総合満足度及び平均観客数により強く反映されており，一方で，2010 年 1 月下旬調査結果のほうでは巨人のチーム成績の評価の影響が反映されているためと推察される．

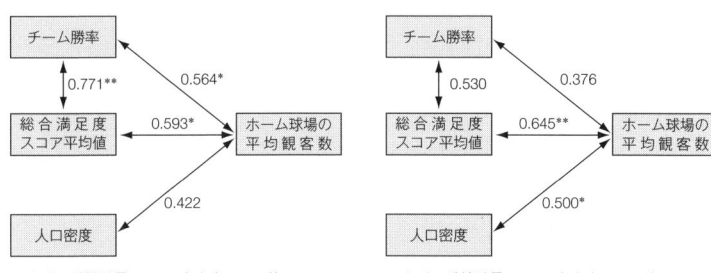

カイ 2 乗統計量=5.41, 自由度=2, p 値=0.067　　カイ 2 乗統計量=8.62, 自由度=2, p 値=0.013

(a) 2010 年 1 月下旬調査　　(b) 2009 年 1 月下旬調査

注 1　矢線近くの数値は相関係数の推定値を表す．
　2　**は p 値<5%，*は p 値<10%
　3　チーム勝率，ホーム球場の平均観客数は調査直前シーズンのデータを用いる．
　4　ホーム球場所在地の人口密度をコントロール変数としている．

図 5.9　総合満足度スコア平均値，チーム勝率及びホーム球場の平均観客数を同時に考慮した関連性モデルの推定結果

5.8 プロ野球の事例から学ぶこと

本章では，勝利・チーム・選手の魅力などの中核的サービスだけでなく，球場設備・サービス，ファンサービス・地域貢献などのサービスを原因系の構成概念とし，中間的な構成概念として総合満足度を位置付け，結果系として応援ロイヤルティ及び観戦ロイヤルティとしたプロ野球チームの顧客満足度指数モデルを構築した．全体的には，ファンサービス・地域貢献の影響が大きいことが示された．主にパ・リーグのチームを中心としたファンサービスや地域貢献活動の取組みの効果が定量的に確認できたことになる．

また，顧客満足度指数モデルに基づき総合満足度及び構成概念のスコアを算出することで，プロ野球チームのサービス品質と顧客満足度の数値化を行った．また，総合満足度スコアとホーム球場の平均観客数との関連性を検証し，その存在が示唆された．総合満足度スコアの向上は収益の増加につながることを定量的に示した．

なお，本章では，各チームのスコア平均値を示して，その結果からの考察と提言を述べた．多くの部分は定性的な事実から既に語られていたことかもしれないが，ここで示したように数値化することで，その主張の根拠になるし，新たな知見も得られていると確信している．例えば，日本ハムの顧客満足度の高さが12球団で1位であるということは，本調査を実施する以前はほとんど知られていなかったように思う．評価が低いチームについては，改善すべき糸口が見いだせる情報が含まれている．当然のことながら，予想に反する結果もあり，数値化されたものがすべて正しいということではな

5.8 プロ野球の事例から学ぶこと

い.ただし,その結果をもとに,考えるきっかけや"気づき"につながるはずである.

本事例を通じて学べることとして,数値データに基づく考察,アクションプランの作成の重要性である.プロ野球という無形なサービスにおいても,意識次第で様々な側面での数値化が可能であったし,数値化に基づく考察・提言が示された.また,日本ハムの成功要因を分析から感じたことは,球団,選手と地域ファンとの一体感や相乗効果である.一方で,横浜に対する評価の低さ・集客の低下は,球団,選手とファンとの間で負のスパイラルに陥っているためと感じた.

これらの事例をもとに,プロ野球に関する要因の概念図を図 5.10 に示す.プロ野球というビジネスを成功させるためにはいろいろな要因が関係してくるが,個別の球団としては,スポーツオペレーションとビジネスオペレーションのバランス,関係者(球団,選手,ファン,地域など)の連携の強化である.そのためには,経営手法,組織,活性化などの基盤をどのように構築していくかが問わ

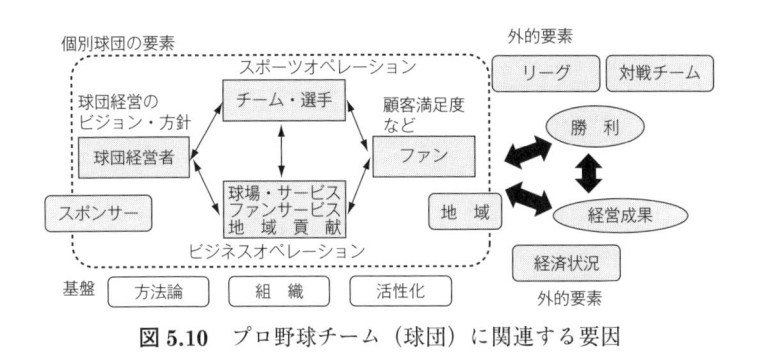

図 5.10 プロ野球チーム(球団)に関連する要因

れることになる.

このことはほかのビジネス領域でも適用できることであり,"コアなサービス"と"付加的なサービス",関係者など,様々な要素間の関係性・バランス,それを達成するための経営基盤の構築は極めて重要であると言える.

本調査結果は,慶應義塾大学の鈴木研究室のHP[9]にて公開されている.2011年1月下旬にも調査実施予定であり,HPに結果を公開する予定である.本調査については新聞[例えば,北海道新聞[10],朝日新聞[11]]やテレビ局から問合せと報道がある.プロ野球という対象は社会的な影響力があり,サービスの品質・顧客満足度の指数化の有効性を普及させるためにもよい事例であると考えている.

なお,本章の内容の一部は,日本品質管理学会第92回研究発表会発表論文"プロ野球チームの顧客満足度の指数化に関する研究(第2報)—2010年1月下旬の調査結果より"[12]を加筆・修正したものである.また,本調査は"日本のサービス業におけるサービス品質,顧客満足,ロイヤルティの指数化",科研費(基盤C一般,20510125)の助成を受けている.

参 考 文 献

1) 鈴木秀男(2009):プロ野球チームの顧客満足度の指数化に関する研究,日本品質管理学会第39回年次大会研究発表会要旨集,pp.83-86
2) 鈴木秀男(2010):顧客満足度向上のための手法—サービス品質の獲得—,日科技連出版社
3) Fornell, C., Johnson, M.D., Anderson, E.W., Jaesung, C. and Bryant,

B.E. (1996): The American Customer Satisfaction Index: Nature, Purpose, and Findings, Journal of Marketing, Vol.60, pp.7-18
4) 鈴木秀男, 寺田聡太郎, 森村淳(2006)：プロ野球ファンサービスに関する調査研究－西武ライオンズを事例にして－, 日本品質管理学会第80回研究発表会要旨集, pp.311-314
5) パシフィック・マーケティング(株)公式 HP：http://www.plm-baseball.co.jp/index.html（2011年1月取得）
6) プロ野球カラー名鑑2009, ベースボール・マガジン社
7) プロ野球カラー名鑑2010, ベースボール・マガジン社
8) 2009ベースボール・レコード・ブック, ベースボール・マガジン社
9) プロ野球のサービスの満足度調査：慶應義塾大学理工学部管理工学科鈴木研究室HP　http://www.ae.keio.ac.jp/~hsuzuki/baseball0901/index.html（最終アクセス2011年1月）
10) "日本ハム"顧客"満足度V", 北海道新聞：現代かわら版, 2009年4月9日朝刊
11) "交流戦, 成績上位を独占　実力も人気もパ・リーグ", 朝日新聞, 2010年6月15日朝刊
12) 鈴木秀男(2010)：プロ野球チームの顧客満足度の指数化に関する研究(第2報)－2010年1月下旬の調査結果より－, 日本品質管理学会第92回研究発表会発表要旨集, pp.183-186

付表 5.1 (1) 各チームのチーム成績スコア平均値と平均値に基づくランキング

(a) 2010 年 1 月下旬調査

順位	チーム	チーム成績スコア平均値	(標準偏差)
1位	日本ハム	92.91	(10.49)
2位	巨 人	83.74	(16.44)
3位	楽 天	77.36	(20.43)
4位	中 日	73.76	(15.82)
5位	西 武	63.99	(18.60)
6位	阪 神	51.05	(21.25)
7位	ソフトバンク	45.78	(19.10)
8位	ヤクルト	41.98	(15.63)
9位	ロッテ	35.48	(18.76)
10位	オリックス	25.59	(18.56)
11位	広 島	24.83	(15.87)
12位	横 浜	14.06	(11.88)
	パ・リーグ	57.40	(29.67)
	セ・リーグ	48.20	(29.58)
	全 体	52.88	(29.97)

(b) 2009 年 1 月下旬調査

順位	チーム	チーム成績スコア平均値	(標準偏差)
1位	日本ハム	84.10	(15.04)
2位	西 武	81.65	(21.27)
3位	中 日	80.91	(15.06)
4位	阪 神	80.57	(13.56)
5位	巨 人	71.78	(20.41)
6位	オリックス	56.79	(22.51)
7位	ロッテ	56.34	(18.43)
8位	ソフトバンク	43.49	(22.67)
9位	楽 天	42.94	(22.34)
10位	広 島	35.49	(18.77)
11位	ヤクルト	31.62	(19.38)
12位	横 浜	22.94	(20.18)
	パ・リーグ	60.72	(26.34)
	セ・リーグ	54.22	(30.29)
	全 体	57.48	(28.55)

付表 5.1 (2) 各チームのチーム・選手スコア平均値と平均値に基づくランキング

(a) 2010 年 1 月下旬調査

順位	チーム	チーム・選手スコア平均値	(標準偏差)
1位	日本ハム	87.86	(11.30)
2位	巨 人	75.17	(15.65)
3位	楽 天	74.19	(17.20)
4位	中 日	73.32	(14.44)
5位	西 武	72.12	(15.96)
6位	阪 神	69.32	(17.66)
7位	広 島	64.95	(18.00)
8位	ソフトバンク	63.36	(16.18)
9位	ロッテ	60.71	(15.24)
10位	ヤクルト	60.49	(13.93)
11位	オリックス	52.88	(17.04)
12位	横 浜	49.09	(16.93)
	パ・リーグ	68.78	(19.16)
	セ・リーグ	65.49	(18.39)
	全 体	67.16	(18.85)

(b) 2009 年 1 月下旬調査

順位	チーム	チーム・選手スコア平均値	(標準偏差)
1位	日本ハム	80.51	(13.75)
2位	阪 神	79.69	(12.56)
3位	中 日	73.87	(15.55)
4位	西 武	72.99	(18.74)
5位	ロッテ	68.02	(17.27)
6位	楽 天	67.71	(15.90)
7位	広 島	64.91	(17.89)
8位	ソフトバンク	63.95	(17.29)
9位	巨 人	63.42	(18.70)
10位	オリックス	59.53	(18.88)
11位	ヤクルト	57.82	(14.84)
12位	横 浜	51.90	(17.57)
	パ・リーグ	68.80	(18.23)
	セ・リーグ	65.44	(18.76)
	全 体	67.13	(18.56)

付表 5.1 (3) 各チームの球場スコア平均値と平均値に基づくランキング

(a) 2010年1月下旬調査

順位	チーム	球場スコア平均値	(標準偏差)
1位	広 島	72.67	(18.66)
2位	日本ハム	70.02	(13.78)
3位	ソフトバンク	63.11	(14.83)
4位	西 武	62.56	(14.00)
5位	巨 人	62.48	(15.20)
6位	中 日	62.31	(12.05)
7位	楽 天	61.54	(16.14)
8位	阪 神	60.97	(14.72)
9位	オリックス	60.55	(15.98)
10位	ロッテ	59.82	(12.84)
11位	横 浜	53.81	(13.68)
12位	ヤクルト	53.75	(11.92)
	パ・リーグ	62.98	(14.98)
	セ・リーグ	61.16	(15.89)
	全 体	62.09	(15.46)

(b) 2009年1月下旬調査

順位	チーム	球場スコア平均値	(標準偏差)
1位	日本ハム	69.33	(13.41)
2位	ソフトバンク	63.78	(15.97)
3位	中 日	62.47	(13.04)
4位	阪 神	62.42	(12.98)
5位	ロッテ	60.99	(14.70)
6位	楽 天	60.93	(15.83)
7位	オリックス	59.55	(15.66)
8位	西 武	58.20	(14.96)
9位	巨 人	57.93	(15.08)
10位	横 浜	54.91	(12.56)
11位	ヤクルト	52.20	(12.01)
12位	広 島	49.52	(13.36)
	パ・リーグ	62.13	(15.49)
	セ・リーグ	56.64	(14.05)
	全 体	59.39	(15.04)

付表 5.1 (4) 各チームのユニホーム・ロゴスコア平均値と平均値に基づくランキング

(a) 2010年1月下旬調査

順位	チーム	ユニホーム・ロゴスコア平均値	(標準偏差)
1位	日本ハム	76.05	(16.26)
2位	阪 神	73.78	(18.27)
3位	広 島	72.65	(16.96)
4位	ロッテ	68.34	(15.32)
5位	巨 人	67.83	(16.62)
6位	中 日	67.45	(16.10)
7位	楽 天	64.64	(18.94)
8位	西 武	63.86	(18.69)
9位	ヤクルト	62.21	(13.24)
10位	ソフトバンク	61.49	(18.97)
11位	横 浜	60.97	(15.87)
12位	オリックス	59.12	(19.60)
	パ・リーグ	65.68	(18.78)
	セ・リーグ	67.64	(16.94)
	全 体	66.64	(17.92)

(b) 2009年1月下旬調査

順位	チーム	ユニホーム・ロゴスコア平均値	(標準偏差)
1位	阪 神	78.30	(14.57)
2位	日本ハム	76.45	(15.28)
3位	ロッテ	67.79	(16.25)
4位	ソフトバンク	67.68	(18.28)
5位	中 日	67.52	(15.61)
6位	広 島	66.01	(18.58)
7位	西 武	65.71	(18.44)
8位	横 浜	63.49	(15.88)
9位	巨 人	63.07	(17.43)
10位	楽 天	62.77	(18.13)
11位	ヤクルト	62.67	(18.16)
12位	オリックス	59.88	(20.57)
	パ・リーグ	66.77	(18.53)
	セ・リーグ	66.94	(17.55)
	全 体	66.85	(18.04)

付表 5.1（5） 各チームの応援ロイヤルティスコア平均値と平均値に基づくランキング

(a) 2010年1月下旬調査

順位	チーム	応援ロイヤルティスコア平均値	（標準偏差）
1位	日本ハム	69.98	(17.04)
2位	広 島	67.14	(17.92)
3位	中 日	66.84	(15.74)
4位	阪 神	66.48	(18.50)
5位	巨 人	63.82	(17.16)
6位	西 武	62.27	(17.56)
7位	楽 天	62.10	(19.15)
8位	ロッテ	60.10	(15.41)
9位	ヤクルト	58.35	(13.14)
10位	ソフトバンク	57.60	(17.48)
11位	横 浜	55.29	(15.17)
12位	オリックス	55.10	(17.52)
パ・リーグ		61.30	(17.01)
セ・リーグ		63.11	(17.96)
全 体		62.19	(17.52)

(b) 2009年1月下旬調査

順位	チーム	応援ロイヤルティスコア平均値	（標準偏差）
1位	阪 神	79.82	(16.16)
2位	日本ハム	79.05	(14.71)
3位	広 島	71.15	(21.41)
4位	中 日	70.56	(17.40)
5位	ソフトバンク	70.33	(19.22)
6位	ロッテ	68.58	(19.22)
7位	西 武	68.21	(17.61)
8位	楽 天	66.11	(17.94)
9位	ヤクルト	64.18	(17.57)
10位	横 浜	63.71	(18.69)
11位	巨 人	62.83	(19.88)
12位	オリックス	62.48	(20.83)
パ・リーグ		69.17	(18.95)
セ・リーグ		68.83	(19.49)
全 体		69.00	(19.21)

付表 5.1（6） 各チームの観戦ロイヤルティスコア平均値と平均値に基づくランキング

(a) 2010年1月下旬調査

順位	チーム	観戦ロイヤルティスコア平均値	（標準偏差）
1位	日本ハム	71.68	(19.57)
2位	阪 神	68.99	(20.78)
3位	広 島	68.75	(21.23)
4位	中 日	68.19	(18.16)
5位	西 武	65.06	(18.00)
6位	巨 人	63.86	(20.82)
7位	楽 天	63.48	(21.19)
8位	ソフトバンク	61.15	(19.90)
9位	ロッテ	60.93	(20.26)
10位	ヤクルト	59.90	(16.99)
11位	オリックス	56.20	(20.84)
12位	横 浜	55.87	(20.03)
パ・リーグ		63.19	(20.47)
セ・リーグ		64.40	(20.32)
全 体		63.78	(20.40)

(b) 2009年1月下旬調査

順位	チーム	観戦ロイヤルティスコア平均値	（標準偏差）
1位	阪 神	79.81	(16.20)
2位	日本ハム	79.09	(14.69)
3位	広 島	71.18	(21.43)
4位	中 日	70.56	(17.39)
5位	ソフトバンク	70.36	(19.21)
6位	ロッテ	68.62	(19.22)
7位	西 武	68.23	(17.62)
8位	楽 天	66.11	(17.97)
9位	ヤクルト	64.18	(17.57)
10位	横 浜	63.75	(18.72)
11位	巨 人	62.87	(19.89)
12位	オリックス	62.53	(20.82)
パ・リーグ		69.20	(18.96)
セ・リーグ		68.85	(19.50)
全 体		69.02	(19.22)

5.8 プロ野球の事例から学ぶこと

付表 5.2　各チームの実際の成績

(1) 2009 年度セ・リーグチーム成績

チーム	試合	勝利	敗北	引分	勝率	ゲーム差
巨　人	144	89	46	9	0.659	―
中　日	144	81	62	1	0.566	12.0
ヤクルト	144	71	72	1	0.497	22.0
阪　神	144	67	73	4	0.479	24.5
広　島	144	65	75	4	0.464	26.5
横　浜	144	51	93	0	0.354	42.5

クライマックスシリーズ第1ステージ　中日　2勝―1勝　ヤクルト
クライマックスシリーズ第2ステージ　巨人　4勝―1勝　中日
日本シリーズ　巨人　4勝―2勝　日本ハム

(2) 2009 年度パ・リーグチーム成績

チーム	試合	勝利	敗北	引分	勝率	ゲーム差
日本ハム	144	82	60	2	0.577	―
楽　天	144	77	66	1	0.538	5.5
ソフトバンク	144	74	65	5	0.532	6.5
西　武	144	70	70	4	0.500	11.0
ロッテ	144	62	77	5	0.446	18.5
オリックス	144	56	86	2	0.394	26.0

クライマックスシリーズ第1ステージ　楽天　2勝―0勝　ソフトバンク
クライマックスシリーズ第2ステージ　日本ハム　4勝―1勝　楽天

(3) 2008 年度パ・リーグチーム成績

チーム	試合	勝利	敗北	引分	勝率	ゲーム差
西　武	144	76	64	4	0.543	―
オリックス	144	75	68	1	0.524	2.5
日本ハム	144	73	69	2	0.514	4.0
ロッテ	144	73	70	1	0.510	4.5
楽　天	144	65	76	3	0.461	11.5
ソフトバンク	144	64	77	3	0.454	12.5

クライマックスシリーズ第1ステージ　日本ハム　2勝―1勝　オリックス
クライマックスシリーズ第2ステージ　西武　4勝―2勝　日本ハム
日本シリーズ　西武　4勝―3勝　巨人

(4) 2008 年度セ・リーグチーム成績

チーム	試合	勝利	敗北	引分	勝率	ゲーム差
巨　人	144	79	60	5	0.568	―
阪　神	144	76	61	7	0.555	2.0
中　日	144	73	66	5	0.525	6.0
広　島	144	67	75	2	0.472	13.5
ヤクルト	144	66	76	2	0.465	14.5
横　浜	144	62	77	5	0.446	17.0

クライマックスシリーズ第1ステージ　中日　2勝―1勝　阪神
クライマックスシリーズ第2ステージ　巨人　3勝―1引分―1勝　中日

[出典　プロ野球カラー名鑑 2009，ベースボール・マガジン社，プロ野球カラー名鑑 2010，ベースボール・マガジン社]

付表 5.3 各チームのホーム球場の平均観客数

(a) 2009 年シーズン　ホーム球場での平均観客数

チーム名	平均観客数	収容人員	動員率	ホーム球場
阪　神	44 320	47 808	92.7%	阪神甲子園球場
巨　人	43 502	46 500	93.6%	東京ドーム
中　日	33 413	38 414	87.0%	ナゴヤドーム
ソフトバンク	31 854	36 253	87.9%	福岡 Yahoo! JAPAN ドーム
日本ハム	29 370	40 476	72.6%	札幌ドーム
広　島	26 629	33 000	80.7%	MAZDA Zoom-Zoom スタジアム広島
西　武	21 149	33 921	62.3%	西武ドーム
ロッテ	20 350	30 011	67.8%	千葉マリンスタジアム（現 QVC マリンフィールド）
ヤクルト	18 565	35 650	52.1%	明治神宮野球場
横　浜	17 512	30 000	58.4%	横浜スタジアム
オリックス	17 495	36 477	48.0%	京セラドーム大阪
楽　天	16 854	22 098	76.3%	日本製紙クリネックススタジアム宮城

（資料　プロ野球カラー名鑑 2010，ベースボール・マガジン社のデータより編集）

(b) 2008 年シーズン　ホーム球場での平均観客数

チーム名	平均観客数	収容人員	動員率	ホーム球場
阪　神	42 955	47 100	91.2%	阪神甲子園球場
巨　人	42 409	45 600	93.0%	東京ドーム
中　日	35 249	38 414	91.8%	ナゴヤドーム
ソフトバンク	32 069	35 773	89.6%	福岡 Yahoo! JAPAN ドーム
日本ハム	27 524	42 831	64.3%	札幌ドーム
ロッテ	22 245	30 011	74.1%	千葉マリンスタジアム（現 QVC マリンフィールド）
西　武	19 856	35 879	55.3%	西武ドーム
広　島	19 315	31 984	60.4%	広島市民球場
ヤクルト	18 272	35 650	51.3%	明治神宮野球場
オリックス	17 378	36 477	47.6%	京セラドーム大阪
楽　天	16 160	22 187	72.8%	日本製紙クリネックススタジアム宮城
横　浜	16 013	30 000	53.4%	横浜スタジアム

（資料　プロ野球カラー名鑑 2009，2009 ベースボール・レコード・ブック，ベースボール・マガジン社のデータより編集）

注　広島市民球場の収容人員は，旧広島市民球場メモリアルサイト
http://carp-memorial.com/history.html（最終アクセス 2011 年 3 月）

第6章 ネットワーク分析を用いたプロスポーツクラブの業績評価指標間の関係性

　前章までは，顧客の評価，外部からの評価に関する数値化の議論を行った．本章では，経営組織，あるいは内部の品質の視点から，サービス組織の評価指標の因果関係を視覚的，かつ定量的に明らかにする事例を紹介する．最初に分析のフレームワークであるバランスト・スコアカードについて解説する．次に，プロスポーツクラブの業績評価指標間の関係性の分析とネットワーク分析を活用の事例について説明する．その中では，ネットワーク分析についても簡単に紹介している．なお，本章の内容は，水野，鈴木[1]に基づく．

6.1　業績評価指標間の関係性の定量的分析の必要性

　近年，プロ野球を例に挙げると，プロ野球中継の視聴率が低迷し放送が打ち切られていく中で，地元住民向けの無料チケット配布や試合前後のイベントなど様々な方策によって集客力向上を果たしている球団［プロスポーツクラブ（チーム）に相当］が多く存在している．一方，どのような活動が成功要因となっているかの評価は難しく，これらの活動が収入の増減によって評価されるだけでは，短期的に投資が回収できない活動を抑制してしまう可能性がある．したがって，短期的あるいは直接的には収入に結び付かない活動も評

価する必要があり，ビジネスの側面も重視するプロスポーツクラブにとっては，様々な業績を視野に入れて定量的評価を行うことは意義がある．

本分析では，バランスト・スコアカードにおける四つの視点"財務"，"顧客"，"業務プロセス"，"人材と変革"を活用し，日本のプロスポーツクラブに対するそれぞれの視点の戦略目標を設定の上，有効な業績評価指標を導出し，ネットワーク分析を用いて，それらの業績評価指標の関係性と重要な業績評価指標を視覚的，かつ定量的に把握する新たなアプローチを提示する．スポーツクラブのビジネスにおいては多くの共有できる点があり，全クラブチームから抽出された成功へのシナリオは個々のクラブチームにとって有益な情報になる．また，このことは，各クラブがバランスト・スコアカードを構築する際に役立つ知見が得られる．

一方，プロスポーツクラブにおける業績指標間の関係性を知る上で以下のような課題がある．

・プロスポーツクラブの数が少ない．
・多くのスポーツクラブは財務データを公表していない．

まず，問題となるのは，分析の対象としているプロスポーツクラブの数が少ないことである．その問題に対処するために，分析の対象を選手すべてがプロ契約をしているようなクラブチームに限らず，社員契約をしている選手も含むクラブチームもあわせて分析対象とした．しかしながら，分析対象を広げたとしても，Ｊリーグの一部のクラブチームは財務データを公表しているが，多くのスポーツクラブチームは財務データやそのほかの運営上のデータを公表し

ていない.したがって,質問紙設計では,公開していないクラブに対しても回答の容易さを確保する必要があった.

以上の課題を踏まえて,データをできるだけ多く収集することを重視し,質問紙の設計や分析手法の選定を行うことにした.

6.2 バランスト・スコアカード

本節では,本分析のフレームワークとして用いられているバランスト・スコアカードについて説明する.バランスト・スコアカードは,Kaplan, Norton[2]によって開発され,業績評価システム,あるいは戦略的マネジメント・システムとして使われている.このバランスト・スコアカードは,Apple,スルガ銀行,三重県病院事業庁,シャーロット市など,様々な団体,業種に導入されている.そこで,本分析では,プロスポーツクラブにもバランスト・スコアカードへの適用を目指し,まず,バランスト・スコアカードについて,その基本的な概念である四つの視点,業績評価指標,戦略マップについて説明する.なお,先行研究とバランスト・スコアカードにおける諸概念の対応については,表6.1のようにまとめられる[3].

(1) 四つの視点

Kaplan, Norton[2]は,自身の複数の企業研究を踏まえた上で,経営上の意思決定には財務指標と非財務指標の両方による評価が重要であると述べている.そのため,バランスト・スコアカードには,過去の行動の成果が表れる財務指標だけでなく,将来の業績

表 6.1 先行研究におけるバランスト・スコアカードの諸概念の説明

先行研究	主な事例企業	四つの視点	業績評価指標	戦略マップ
Kaplan and Norton (1992)[2]	Electronic Circuits Inc.(仮想的な半導体会社)	○	△*	×
Kaplan and Norton (1993)[3]	Rockwater Apple Computer	○	○	×
Kaplan and Norton (1996)[4]	Metro Bank National Insurance	○	○	△**
Kaplan and Norton (2004)[5]	Northwestern Mutual Volvofinans	○	○	○

注* 業績評価指標の表記はあるが,導出については触れられていない.
** 戦略マップという名称は紹介されていないが,指標間の因果関係について述べられている.

[出典 水野圭(2007):業績指標間の関係性に関する研究,筑波大学大学院システム情報工学研究科経営・政策科学専攻 平成19年度特定課題研究報告書:プロ野球における集客力向上のためのファンと球団に関する研究,表6.2.1]

の牽引役となる顧客満足や内部プロセスなどの非財務指標も含んでいる.また,バランスト・スコアカードは"財務(Financial)の視点","顧客(Customer)の視点","内部ビジネス(Internal Business)の視点","イノベーションと学習(Innovation and Learning)の視点"の重要な四つの視点から構成され,四つの視点ごとに目標(Goal)と指標(Measurement)を設けて,評価するようになっている.また,基本的には上記の四つの視点で構成されるが,必要に応じて言い換えられたり,他の新たな視点を加えられたりし,導入する団体において重要となる視点で構成する必要がある.例えば,"内部ビジネスの視点"は"業務プロセスの視点","イノベーションと学習の視点"は"人材と変革の視点"という表現が使われ,新たに"環境の視点","企業倫理の視点"などが加えられることもある.

本分析では，プロスポーツクラブにより適していると考えられる，"財務の視点"，"顧客の視点"，"業務プロセスの視点"，"人材と変革の視点"の表記を用いる．

以下に，四つの視点について説明する（図 6.1 参照）．

(a) 財務の視点

株主が何を期待しているかを見極め，目標を設定し，評価を行う．この視点での指標は，営業利益率，総資本利益率などがある．

(b) 顧客の視点

財務的な目標を達成するために，企業が競争している市場セグメントの状況を理解し，目標を設定し，評価を行う．この視点での指標は，新規顧客の獲得数，顧客満足度，市場占有率などがある．

(c) 業務プロセスの視点

財務的・顧客の視点での目標を達成するために，必要な業務や他社よりも優れた業務を明らかにし，目標を設定し，評価を行う．こ

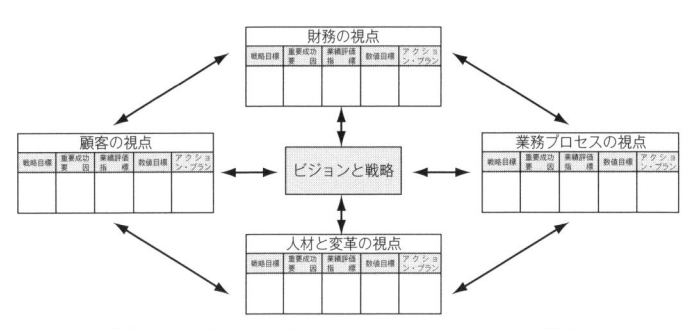

図 6.1 バランスト・スコアカードの四つの視点

[資料 Kaplan, R. S. and Norton, D. P. (1996)：The Balanced Scorecard: Translating Strategy into Action, Harvard Business School Press, 吉川武男(2006)：バランス・スコアカードの知識，日本経済新聞出版社に基づき作成]

の視点での指標は,生産のリードタイムや納期の厳守率などがある.

(d) 人材と変革の視点

財務・顧客・内部ビジネスでの目標を達成するためには,業務の改善や人材育成を行う必要がある.将来の成長のための基礎として,何が重要かを明らかにし,目標を設定し,評価を行う.この視点での指標は,従業員満足度,特許の件数などがある.

(2) 業績評価指標

Kaplan, Norton[3]では,四つの視点における戦略目標から業績評価指標の導出までを述べている.最上位に企業のビジョンと戦略があり,業績評価指標まで導出される.この導出までの一連の作業方法は,経営トップ,中間管理職,株主,顧客などを対象としたインタビューやワークショップによって行われる.さらに,Kaplan, Norton[4]では,業績評価指標の目標値として設定する"ターゲット",そのターゲットを達成するために何をすればよいかを記述した"アクションプラン"が加わっている.

四つの視点における戦略目標から業績評価指標,数値目標,アクションプランの導出の手順を図示したのが図6.2である.最上位に企業のビジョンと戦略があり,続いて戦略目標,重要成功要因,業績評価指標,数値目標,アクションプランがある.それぞれの項目については次のとおりである.

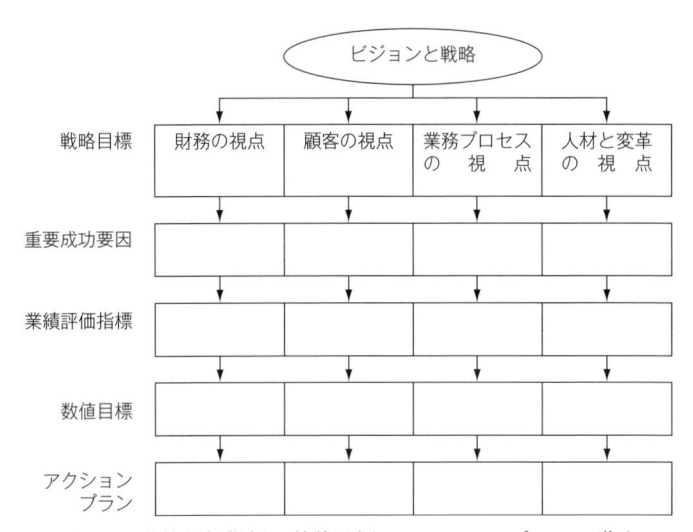

図 6.2 業績評価指標,数値目標,アクションプランの導出

[資料 Kaplan, R. S. and Norton, D. P. (1996): The Balanced Scorecard: Translating Strategy into Action, Harvard Business School Press, 吉川武男 (2006):バランス・スコアカードの知識,日本経済新聞出版社に基づき作成]

(a) ビジョンと戦略

ビジョンとは,将来の企業のあるべき姿であり,戦略はそのビジョンを実現するための課題,ロジックである.ビジョンと戦略設定の目的は,組織をマネジメントし,全社で共有する目標を達成することである.

(b) 戦略目標

ビジョンを実現させるための戦略目標を,"財務","顧客","業務プロセス","人材と変革"の四つの視点ごとに記述する.

(c) 重要成功要因

重要成功要因は,上記の戦略目標を達成するためには,何が重要

となるかを知るために記述するものである．ここでは，法や社会状況などの外部要因や，他社と比べて優位に立っている点を踏まえて重要成功要因を決定する．

(d) 業績評価指標

業績評価指標は，重要成功要因を測定するための指標である．このように戦略目標から業績評価指標を結び付けることによって，戦略目標の達成度を数値によって評価を行う．

(e) 数値目標

業績評価指標の設定を受けて，具体的な数値目標を設定する．現状を変えるための数値目標にすることが重要である．前項（d）の"業績評価指標"や次項（f）の"アクションプラン"の作成と同時に数値目標の設定を行うこともある．

(f) アクションプラン

数値目標の設定に基づき，それを達成するためのアクションプランを作成する．

(3) 戦略マップ

Kaplan, Norton [4), 5)] では，戦略目標間の因果関係が示されている（例えば，図 6.3）．この因果関係は四つの視点に広がり，上位の財務の視点の戦略目標に影響を与え，下位の戦略目標が結び付けられている．

また，戦略目標間の因果関係の確認を行う手法として，"Why to" チェック，"How to" チェックがある[7]．"Why to" チェックでは，まず"なぜ人材と変革の視点で○○が必要なのですか"と質

問し,"業務プロセスの視点の××を達成するためです"という回答を得たとすると,更に,"なぜ業務プロセスの視点で××を行うのですか"と質問していく.

図6.3を例に挙げると,"Why to"チェックでは,まず"なぜ人材と変革の視点で従業員のスキルアップが必要なのですか"と質問し,"業務プロセスの視点で,業務プロセスの質の向上を図り,サイクルタイムを短縮するためです"という回答を得たとすると,更に,"なぜ業務プロセスの視点で,業務プロセスの質的向上とサイクルタイムの短縮化を行うのですか"と質問していく.このように,"Why to"チェックでは,"なぜ(Why?)"と下から上に向かって戦略目標間の因果関係を確認する.

それに対して"How to"チェックでは,"どのようにしたら財務の視点で△△を向上できるのですか"というように質問し,上から下に向かって戦略目標間の因果関係を検証していく.図6.3の例で

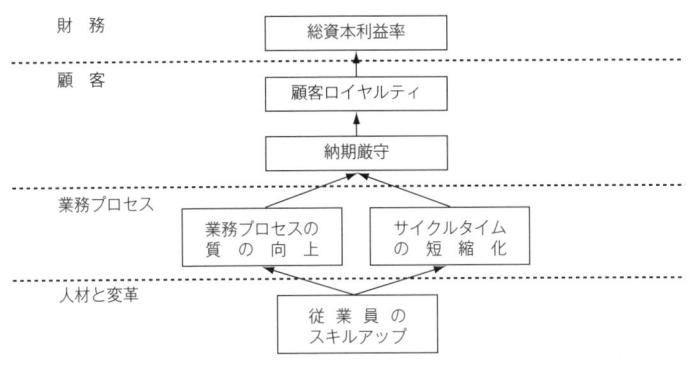

図6.3 戦略目標間の因果関係の例

[資料 Kaplan, R. S. and Norton, D. P. (1996) : The Balanced Scorecard: Translating Strategy into Action, Harvard Business School Press, p.31 の図に基づき作成]

は，"どのようにしたら財務の視点で総資本利益率を向上できるのですか"というように質問し，上から下に向かって検証していく．

(4) バランスト・スコアカードの構築方法

前節で，バランスト・スコアカードの重要な要素について説明したが，バランスト・スコアカードの構築方法は，Kaplan, Norton[3]が指摘するように，導入しようとする団体によって異なる．しかしながら，基本的な手順は共通しており，以下の7段階から構成される[7]．

第1ステップ　ビジョンと戦略の設定
第2ステップ　ビジョン実現のための視点の洗い出し
第3ステップ　戦略マップの作成と戦略目標の設定
第4ステップ　設定した戦略目標に対する重要成功要因の洗い出し
第5ステップ　洗い出した重要成功要因に対する業績評価指標の設定
第6ステップ　設定した業績評価指標に対する数値目標の設定
第7ステップ　設定した数値目標を実現するアクションプランの作成

こういったバランスト・スコアカードの構築ステップを進める際には，専門のインタビュアーにより，主に経営トップや中間管理職，従業員に対するインタビューや議論を行うことによって，構築が進められている［Olveら[8]］．

(5) 問題提起

バランスト・スコアカードの構築の際には，インタビューや異なる立場の人同士での議論を通じて行われ，ビジョンや戦略を共有するなどのコミュニケーション・ツールとしての役割も果たしている．しかしながら，重要成功要因の決定や，業績評価指標間の因果関係を議論する際には，主観的な意見が反映されていることに留意しなければならない[8]という指摘もある．

バランスト・スコアカードの各視点の関係を結び付けるという，バランスト・スコアカード構築の上で極めて重要な箇所であるにもかかわらず，主観的意見が反映されやすく，インタビュアーの高い技術が要求される．

したがって，バランスト・スコアカードの構築の際に客観性をもつ判断材料を提供できれば，新たな知見を与えることや議論の際に重要な事柄が考慮されない事態を避けることができると考えた．

本分析では，バランスト・スコアカードの四つの視点の戦略目標から導出された業績評価指標の関係性と重要な業績評価指標を視覚的，かつ定量的に把握する方法を示す．このような情報は，バランスト・スコアカードを構築する際に役立つ知見となると期待される．

6.3 プロスポーツクラブチームの業績評価指標の設計と調査概要

前述したように，戦略マップは特定の団体の中でインタビューなどによって構築されるが，本分析では多くのスポーツクラブチーム

における業績評価指標の統一的な関係性を定量的に把握し，客観性のある知見を得ることを目的とする．分析に用いるデータは，国内のスポーツクラブチームにアンケート調査を行うことによって得る．以下に，対象としたクラブ，質問紙の設計，その質問項目として使用した業績評価指標，調査実施方法について説明する．

(1) 対象プロスポーツクラブ

本調査では，スポーツリーグに所属するクラブを対象にし，調査を行った．調査時点（2007年）において，日本国内にあるスポーツリーグは，日本プロ野球，Jリーグ，Vリーグ，bjリーグ，ラグビートップリーグ，北信越チャレンジリーグ，四国アイランドリーグ，Fリーグである．ただし，Fリーグは，2007年に新設されたフットボールチームのリーグであるため，本分析の対象から除いた．したがって，対象リーグは七つであり，対象クラブの合計は110クラブである［後述の表6.6（144ページ）において対象リーグの配付数の内訳を示している］．

(2) 戦略目標と業績評価指標の設定

本節では，プロスポーツにおける戦略目標とそれを測定する業績評価指標を四つの視点に従って設定する．

(a) 財務の視点

財務の視点では，一般の企業に導入されているバランスト・スコアカードでの戦略目標と同様に，収入，費用，収益性を設定した（表6.2）．また，調査時点（2007年）において，財務データの一

表 6.2 戦略目標と業績評価指標(財務の視点)

戦略目標	業績評価指標
収益性の向上	ROI(総資本利益率)
収入を増やす	入場料収入
	スポンサー収入
	グッズ収入
	放映権収入
	ファンクラブからの収入
	肖像権・ライセンス収入
費用を削減する	球場・スタジアム・体育館の使用料
	選手や監督の年俸
	広告宣伝費

[出典 水野圭, 鈴木秀男(2010):ネットワーク分析を用いたプロスポーツクラブの業績評価指標の関係性に関する研究, 日本経営工学会論文誌, Vol.61, No.4, pp.263-274, 付表1]

部が公表されている浦和レッズ,東北楽天イーグルスを参考にすると,クラブチームの主な収入源は,入場料収入,スポンサー収入,グッズ収入,放映権収入であり,費用は,球場・スタジアム・体育館の使用料,選手や監督の年俸,広告宣伝費が大きな割合を占め,これらの項目を業績評価指標とした.

(b) 顧客の視点

顧客の視点では,チームを応援するファン,ユニフォームや試合会場内に広告を出すスポンサー企業,放映権を買うテレビ局・衛星放送会社を顧客として考え,戦略目標を設定した(表 6.3).ここでは,通常の企業で使用される顧客の増加,新規顧客の獲得,リピーターの増加,顧客満足度だけでなく,スポーツリーグでの成功事例をもとに設定した.

プレミアリーグでは,テレビ放映を増やした結果,労働者層に

表 6.3 戦略目標と業績評価指標（顧客の視点）

戦略目標	業績評価指標
観客数を増やす	1試合当たりの来場者数
観客席を満席にする	満席になった試合数
新たなファンを増やす	（ファンクラブ会員以外への）無料招待券の配布数
リピーターを増やす	ファンクラブの新規入会者数
	年間シート・年間チケットの販売数
子どもをファンにする	子どもの来場者数
来場者以外の観戦者を増やす	試合の平均視聴率
満足度を上げる	ファンの満足度
スポンサーを増やす	スポンサー契約数
放映権契約数を増やす	放映権契約数

［出典　水野圭, 鈴木秀男(2010)：ネットワーク分析を用いたプロスポーツクラブの業績評価指標の関係性に関する研究, 日本経営工学会論文誌, Vol.61, No.4, pp.263-274, 付表2］

限られていたファン層が拡大し，放映権料，入場者数も増えている[9]．そこで，TV視聴者も，放映権料の高額化と入場者数の増加に結び付く一因と考え，それを測定するために1試合の平均視聴率を加えた．

(c) 業務プロセスの視点

業務プロセスの視点では，ファンの試合観戦に関わる部分だけでなく，地元への貢献も重要であること[10]を踏まえて，戦略目標を設定した（表6.4）．ここでは，ファンの観戦までの行動を想定している．

ファンの試合観戦までの行動を考えると，まずチケットを買い，球場へ来場し，場内の設備やサービスを提供され，応援する．また，応援しているチームの試合成績も重要であるが，勝敗に依存し

表 6.4 戦略目標と業績評価指標（業務プロセスの視点）

戦略目標	業績評価指標
チケットを入手しやすくする	チケットの価格
来場しやくする	チケット販売経路の数
	臨時バス・臨時列車の本数
よい設備・サービスを提供する	球場内・スタジアム内・体育館内のスタッフの数
応援を盛り上げる	応援グッズの配布数
強いチームを作る	試合成績
ファンクラブの改善	ファンクラブの入会特典の数
ファンとの交流を深める	イベントの開催数
地元に貢献する	地元イベントへの参加
	ホームタウン向けの優先チケットの販売数

[出典 水野圭, 鈴木秀男(2010)：ネットワーク分析を用いたプロスポーツクラブの業績評価指標の関係性に関する研究, 日本経営工学会論文誌, Vol. 61, No.4, pp.263-274, 付表 3]

ない集客構造を作るためにも，ファンクラブやファンとの交流も重要になってくる[11]．

地元貢献の部分については，Jリーグのチームであるアルビレックス新潟の成功事例を参考にした．アルビレックス新潟は，2004年のJ1昇格以降，年間順位は10位以下で低迷しているにも関わらず，1試合当たり観客動員数のランキングでは，2004年，2005年はともに1位，2006年にも2位となっている［Jリーグ HP[12]］．このような強い集客力の理由の一つに，ホームタウンの居住者向けに招待券の配布を行い，地元イベントへの参加も積極的に行っていることが挙げられる．したがって，地元貢献の業績評価指標としてこの2項目を設定した．

(d) 人材と変革の視点

人材の点では選手,経営陣,社員に関する項目,変革の点では,チームの改革,顧客志向の変革,球場・スタジアムの改修を戦略目標に設定した(表6.5).顧客志向の変革や社員の能力向上は,一般の企業と同様なものを設定したが,他の戦略目標は成功事例を参考にしている.

例えば,強い選手の育成・獲得はボストンレッドソックスの事例に基づいている.ボストンレッドソックスは,強いチームにすることで,商品である試合の魅力を高めることができ,ブランド価値を高めている[13].また,球場・スタジアム等の設備の改修については,鈴木らの既存研究[14]において設備・サービスの改善が集客力向上のために重要であるという結果を得られたため加えている.競

表6.5 戦略目標と業績評価指標(人材と変革の視点)

戦略目標	業績評価指標
強い選手の育成・獲得	選手補強の数
	スター選手の獲得
	個人タイトルを獲得した選手数
競技に詳しい人材を経営陣に採用	フロント,経営陣にOB・OGを採用しているか
社員の能力の向上	社員研修の実施回数
チームの改革	選手スカウトの数
顧客志向の変革	ファンに対するアンケート調査の実施
	ファンとフロントとの対話の機会を設けている
	CRM(顧客関係管理)の導入
球場・スタジアム等の設備の改修	改修費用

[出典 水野圭,鈴木秀男(2010):ネットワーク分析を用いたプロスポーツクラブの業績評価指標の関係性に関する研究,日本経営工学会論文誌,Vol.61, No.4, pp.263-274, 付表4]

技に詳しい人材を経営人に加えることやチームの改革は西野[10]を参考に，戦略目標として設定した．

(3) 質問紙の設計

質問紙は，クラブチームにおける業績改善に関する設問，プロ契約選手の割合，記入者名，記入者の役職について問う設問で構成される．業績評価指標に関する設問は，前節で述べた"財務"，"顧客"，"業務プロセス"，"人材と変革"のそれぞれについて，設定された戦略目標を達成するための業績評価指標（各視点 10 個）である（表 6.2 〜表 6.5 を参照）．

また，多くのクラブチームが財務データなどを公表していないことや回答の容易性を考慮し，業績改善を問う質問項目は，前年度と比べて増加（あるいは減少）したかどうかをチェックボックス形式で聞いている．ただし，人材と変革の視点の一部の項目で，前年度比では回答できないものがあり，実施の有無のみを聞いている．

(4) 調査実施方法

上記で示した対象クラブチームに対して，質問紙は郵送による配付及び回収を行った．期間は，2007 年 10 月 11 日から 10 月 31 日であった．その結果，各リーグの有効回答数は，表 6.6 に示すとおりである．全体の回収数は 43 部であり，回収率は 39.1% となった．また，所属リーグ別に見ると，V リーグが 15 部で最も回収数が多く，次いで J リーグが 13 部となっている．

表 6.6 質問紙の回収数

所属リーグ	種　目	対　象クラブ数	回収数	回収率
Vリーグ	バレーボール	35	15	42.9%
Jリーグ	サッカー	31	13	41.9%
bjリーグ	バスケットボール	10	4	40.0%
ラグビートップリーグ	ラグビー	14	4	28.6%
日本プロ野球	野　球	12	3	25.0%
四国アイランドリーグ	野　球	4	2	50.0%
北信越チャレンジリーグ	野　球	4	2	50.0%
合　計		110	43	39.1%

[出典　水野圭, 鈴木秀男(2010)：ネットワーク分析を用いたプロスポーツクラブの業績評価指標の関係性に関する研究, 日本経営工学会論文誌, Vol.61, No. 4, pp.263-274, 表2]

6.4　ネットワーク分析を用いた業績評価指標間の関係性の分析：プロスポーツクラブチーム

(1) ネットワーク分析の概要

質問の回答方式をチェックボックス形式にしたため, データの形式を業績が改善していれば1, それ以外は0として扱った（表6.7）. これにより, 回答者の負担が削減される. 一方, このように2値データであり, サンプル数も十分に確保できない状況において

表 6.7 データの形式の例

クラブ名	入場者数の増加	満足度の上昇	ROIの上昇	年俸総額の増加	…
クラブチームA	0	0	1	1	…
クラブチームB	1	0	0	1	…
⋮	⋮	⋮	⋮	⋮	⋱

は，連続的データであり，かつ多変量正規分布を仮定している多くの多変量解析，特に因果関係を検証するための共分散構造分析の適用は困難となる．したがって，同様のデータ形式を扱い，因果関係の検証が可能であるネットワーク分析の手法を用いて，業績評価指標間の関係分析を行う．手順は次のとおりである．

(a) 共起度の算出

共起度を算出することによって，業績評価指標項目間の関連性を見る．2項目間の2値データベクトルから共起性尺度の算出が可能である．本分析で用いる共起性尺度の候補は，Jaccard係数，Simpson係数，コサイン距離である[15]．これらの尺度は，1〜0の値をとり，1に近いほど共起性の度合が高い．例えば，ある2項目間において同一のクラブチームの回答が同じ傾向であるほど，その2項目間の共起性の度合いが高くなり，共起性尺度の値も1に近くなる．なお，共起性尺度の計算式については，付録6.1（155ページ）を参照されたい．

(b) ネットワーク図の描画

算出した共起度を用いて共起性の高い業績指標の間にパスを引き，ネットワーク図を描画する．描画することによって，視覚的に業績指標間の関係を見ることを目的とする．ただし，戦略マップでは，因果関係を仮定しているため有向のパスを引くが，本分析では因果関係を仮定せず，共起性を見ているため無向のパスを引く．

(c) ネットワーク中心性指標の算出

ネットワーク図をもとに，中心性指標を算出し，そのネットワークの中で中心に位置する業績評価指標を発見する．中心性の高い指

標を見つけることによって，重要成功要因の候補とすることが目的である．この中心性指標は，従来の統計解析にはない観点である．

本分析で用いる中心性指標は，次数中心性，媒介中心性，近接性[16]，及び PageRank [17] である．次数中心性は，ノードに結び付くエッジの数でありハブになっているノードほど高くなる．多くのエッジをもつ指標は，多くの業績評価指標を改善させる働きをもっている可能性が高く優先的に議論する指標と言える．媒介中心性は，ノード間の最短経路にどれだけ含まれているかを表す指標で，橋渡しになっているノードほど高くなる．次数中心性が高くなくとも，指標間を間接的に結び付けている指標は，全体のネットワークの大きさを維持するために重要である．近接性は，他のノードへの最短距離の平均の逆数であり，他のノードへの到達が容易なほど高くなる．多くのノードを媒介するほど関係は弱まることから，より中央に位置するノードを見る．PageRank は，次数中心性の高いノードと結び付くノードも高く評価し，他の中心性と比べてエッジを区別して扱っている．同じ次数であっても，より重要な指標と結び付く指標を高く評価することができる．中心性指標の計算式については，付録 6.2（156 ページ）を参照されたい．

(2) 基礎データ

どのような業績改善が見られたかを知るために，各業績評価指標で"当てはまる"と回答したクラブの割合を棒グラフで示す（図 6.4）．また，そのうち，プロ契約選手の割合が 100% であるクラブは，灰色で表している．ただし，上位 15 項目のみ示した．"イベ

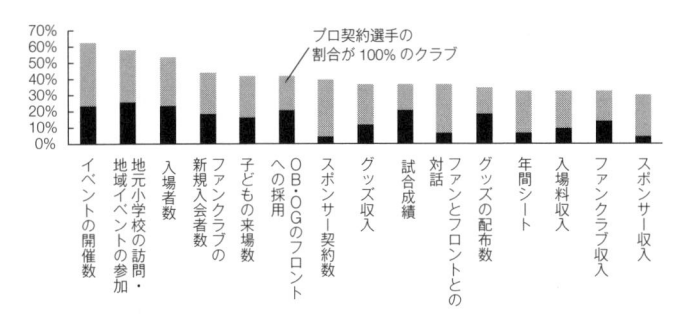

図 6.4 業績の改善がみられた上位 15 項目

[出典 水野圭, 鈴木秀男(2010):ネットワーク分析を用いたプロスポーツクラブの業績評価指標の関係性に関する研究, 日本経営工学会論文誌, Vol. 61, No.4, pp.263-274, 図 1]

ントの開催数"が前年度と比べて増えていると回答したクラブチームが最も多く,60%を超えている.次いで"地元小学校の訪問・地域イベントの参加"や"入場者数"が挙がり,クラブチームの半数が回答している.

また,プロ契約選手の割合が100%のクラブチームでは,"イベントの開催数","ファンとフロントとの対話","スポンサー契約数","グッズ収入"などが前年度の他の項目と比べて改善されていることがわかる.したがって,プロ契約選手の割合が100%のクラブチームでは,企業スポーツと比べてファンとのコミュニケーションや,入場料以外の収入に改善を進めたと言え,プロスポーツクラブの特色が表れている.

(3) 共起性尺度の選択

Jaccard 係数,Simpson 係数,コサイン距離のうち,どの共起

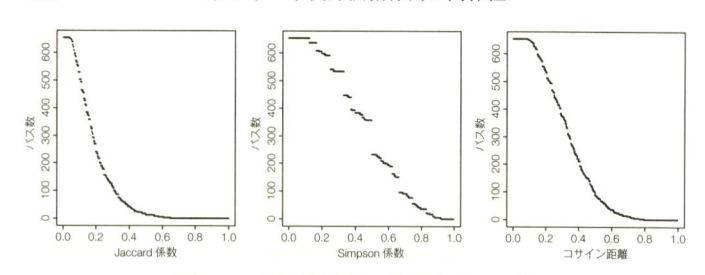

図 6.5 共起性尺度の閾値とパスの数

[出典 水野圭，鈴木秀男(2010)：ネットワーク分析を用いたプロスポーツクラブの業績評価指標の関係性に関する研究，日本経営工学会論文誌，Vol. 61，No.4，pp.263-274，図2]

性尺度を採用するかを決めるために，パスの有無を決める閾値に対するパスの数の対応を表した図を示す（図 6.5）．共起性尺度を用いる際には，閾値をわずかに変えるだけで，パスの本数が大きく変わるのは，望ましくない．図を見ると，Simpson 係数は点と点が大きく離れる箇所があり，Jaccard 係数は，コサイン距離に比べて曲率が大きい．したがって，本分析では共起性尺度としてコサイン距離を採用し，分析を進める．

（4）ネットワーク図の描画と中心性指標の算出

業績評価指標間のコサイン距離が大きいものに対してパスを引く．閾値は，ネットワーク図の解釈が視覚的に行いやすいように設定する．また，バランスト・スコアカードの四つの視点に分類して，描画を行う．ネットワーク図の描画及び中心性指標の算出は，質問紙を回収した全クラブ（サンプル数：$n=43$）とプロ契約選手の割合が 100%のクラブ（サンプル数：$n=23$）に分けて行う．

(a) 回収した全クラブチーム（サンプル数：$n=43$）

質問紙を回収した全クラブを対象に描いたネットワーク図を図6.6に，中心性指標を表6.8に示す．パスを引く共起度の閾値は0.7に設定した．その結果，業績評価指標の項目が財務の視点では四つ，顧客の視点では五つ，業務プロセスの視点では二つ残り，人材と変革の視点では残らなかった．なお，残らなかった項目について，それらとの関連性が全くないということではない．本調査のデータから，共起度の閾値0.7を超えるような強い関連性があると判断された項目に着目し，分析を進める．

図6.6及び表6.8を見ると，どの中心性指標も高くなっているのは，"入場者数の増加"である．"入場者数の増加"と共起性が高くなっている上位の視点の項目は"入場料収入の増加"，"グッズ収入

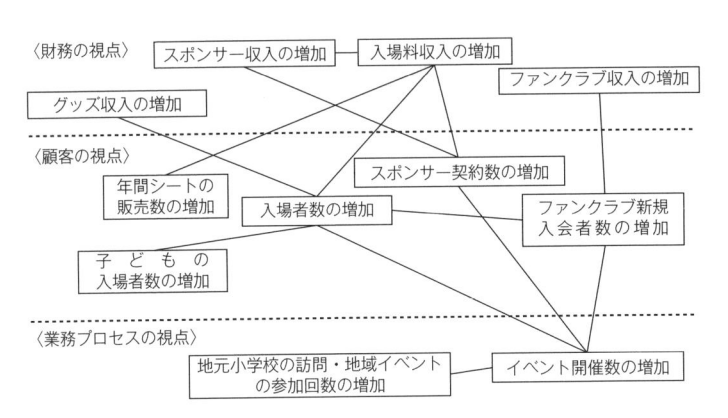

図6.6 回収した全クラブチーム（サンプル数：$n=43$）の
ネットワーク図

[出典 水野圭，鈴木秀男(2010)：ネットワーク分析を用いたプロスポーツクラブの業績評価指標の関係性に関する研究，日本経営工学会論文誌，Vol. 61, No.4, pp.263-274, 図3]

表 6.8 回収した全クラブチーム（サンプル数：$n=43$）の中心性指標

業績評価指標の改善項目	次数中心性	媒介中心性	近接性	PageRank
入場者数の増加	5	24.00	0.67	2.03
入場料収入の増加	4	14.50	0.56	1.59
イベント開催数の増加	4	13.50	0.59	1.60
ファンクラブ新規入会者数の増加	3	9.00	0.53	1.27
スポンサー契約数の増加	3	5.00	0.50	1.18
スポンサー収入の増加	2	0.00	0.42	0.82
ファンクラブ収入の増加	1	0.00	0.36	0.51
年間シートの販売数の増加	1	0.00	0.37	0.49
地元小学校の訪問・地域イベントの参加回数の増加	1	0.00	0.38	0.49
子どもの入場者数の増加	1	0.00	0.42	0.49
グッズ収入の増加	1	0.00	0.42	0.49

［出典　水野圭, 鈴木秀男(2010)：ネットワーク分析を用いたプロスポーツクラブの業績評価指標の関係性に関する研究, 日本経営工学会論文誌, Vol.61, No.4, pp.263-274, 表3］

の増加"であり，入場者数を多くすることでこれらの項目が改善できると推測できる．また"入場者数の増加"と共起性が高い下位の視点の項目は"イベント開催数の増加"であり，イベントの開催は，入場者数を増加させる手段の一つと言える．

また，次数中心性に比べて，媒介中心性が高くなっているのは，"ファンクラブ新規入会者数の増加"であり，ネットワークの中で橋渡しの役割が強く，他の項目と"ファンクラブ収入の増加"を結び付けていることがわかる．

(b) プロ契約選手の割合が100%のクラブチーム
　　（サンプル数：$n=23$）

プロ契約選手の割合が100%のクラブチームを対象に描いたネッ

6.4 ネットワーク分析

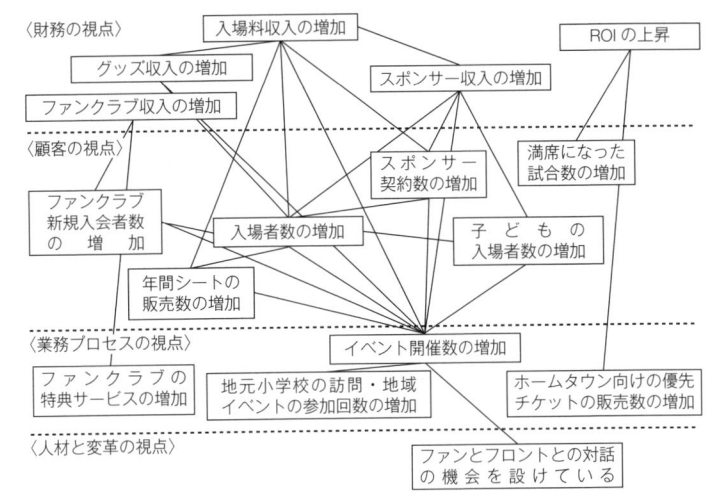

図 6.7 プロ契約選手の割合が100%のクラブチーム
(サンプル数：$n=23$) のネットワーク図

[出典 水野圭，鈴木秀男(2010)：ネットワーク分析を用いたプロスポーツクラブの業績評価指標の関係性に関する研究，日本経営工学会論文誌，Vol. 61，No.4，pp.263-274，図4]

トワーク図を図 6.7 に，中心性指標を表 6.9 に示す．パスを引く共起度の閾値は 0.7 に設定した．その結果，業績改善項目が財務の視点では五つ，顧客の視点では六つ，業務プロセスの視点では四つ，人材と変革の視点では一つ残った．また，中心性指標の算出は，近接性及び PageRank が分断されたネットワークでは計算できないため，最もノード数が多いクラスターにおいて算出している．そのような対処のために，"ROI の上昇"，"満員になった試合数の増加"，"ホームタウン向けの優先チケットの販売数の増加"は対象クラスターの対象外となり，中心性指標の算出も行われていない．

図 6.7 及び表 6.9 を見ると，どの中心性指標でも高くなっている

表 6.9 プロ契約選手の割合が 100%のクラブチーム
(サンプル数：n=23) の中心性指標

業績評価指標の改善項目	次数中心性	媒介中心性	近接性	PageRank
イベント開催数の増加	10	33.33	0.80	2.44
入場者数の増加	8	12.33	0.71	1.84
入場料収入の増加	6	1.67	0.57	1.37
スポンサー収入の増加	5	0.67	0.55	1.16
スポンサー契約数の増加	4	0.00	0.52	0.94
子どもの入場者数の増加	3	0.00	0.50	0.75
年間シートの販売数の増加	3	0.00	0.50	0.75
ファンクラブ新規会員数の増加	3	20.00	0.57	0.91
グッズ収入の増加	3	0.00	0.50	0.75
ファンクラブ収入の増加	2	11.00	0.40	0.84
ファンクラブの特典・サービスの増加	1	0.00	0.29	0.51
地元小学校の訪問・地域イベントの参加回数の増加	1	0.00	0.46	0.36
ファンとフロントとの対話	1	0.00	0.46	0.36

注 中心性指標は最大クラスターの中における数値
[出典 水野圭,鈴木秀男(2010)：ネットワーク分析を用いたプロスポーツクラブの業績評価指標の関係性に関する研究,日本経営工学会論文誌,Vol.61,No.4,pp.263-274,表4]

のは，"イベント開催数の増加"である．"イベント開催数の増加"と共起性が高い上位の項目は，"入場者数の増加"，"子どもの入場者数の増加"，"入場料収入の増加"，"グッズ収入の増加"，"スポンサー契約数の増加"，"スポンサー収入の増加"，"年間シートの販売数の増加"，"ファンクラブ新規入会者数の増加"であり，イベントを多く開催することで，これらの多くの項目が改善できると推測できる．このように，プロ契約選手の割合が100%の場合に限定すると，イベントの中心性が高くなり，試合以外のクラブチームの活動

による収益を生み出す構造が重要であると言える．

また，"ファンクラブ新規入会者数の増加"や"入場者数の増加"は，媒介中心性が高い．"ファンクラブ新規入会者数の増加"では，"ファンクラブ収入の増加"に結び付き，"入場者数の増加"は"入場料収入"，"スポンサー収入"，"グッズ収入"に結び付いており，財務の視点での業績を改善するためには，この二つの業績改善が重要であると言える．

さらに，"ROIの上昇"と"満席になった試合数"が結び付いていることから，効率的なクラブ経営のためには，単に入場者数を増加させるだけでなく，観客席を満席にすることで達成されると考えられる．観客席を満席にすることは，スタジアムの稼働率を上げることになり，効率的な経営をしていることになる．また，満員のスタジアムは臨場感の増加・スタジアムの雰囲気の向上，更にゲームのコンテンツ・バリューを上げることにつながる．このことは，チケットの価値を上げることになる．したがって，スタジアムは大きいほどよいというわけではなく，ファンの動員数に合わせた観客席の数が必要である．

しかしながら，業績改善項目間の結び付きには，"ホームタウン向けの優先チケットの販売数"と"ROIの上昇"など解釈の難しい組もある．こういった組合せには，今回検討しなかった他の指標が間に媒介していることや，パスの引き方に限界があることが起因していると考えられる．

6.5 本分析の結論

本分析では，ネットワーク図の描画によるスポーツクラブチームの業績評価指標間の関係性の視覚化，中心性指標の算出による重要な指標の導出を試みた．分析に用いた手法では，業績評価指標の改善の有無で関係性を検討するため，質問紙の回答容易性を保つことができ，財務データを公表していないプロスポーツクラブからも，多くのデータを収集することができたと考えている．また，業績評価指標間の視覚化及び中心性指標の算出によって，バランスト・スコアカード構築の際の議論の材料になり，コミュニケーション・ツールとしての働きをもっている．

本事例分析から得られた結果は次の3点である．

- 入場者数及びイベント開催数は，スポーツクラブにとって中心的な指標である．
- 入場者数やファンクラブの新規会員数は収入に結び付く橋渡しの役割を果たしている．
- ROI の上昇のためには，入場者数を増やすだけでなく，観客席を満席にする必要がある．

入場者数やイベントの開催は，他の業績評価指標と結び付き，ネットワーク図の中心となっており，この二つが達成されることで，他の多くの業績評価指標も改善されることが推測できる．また，イベントの開催などの業務プロセスの視点における業績評価指標は，入場料収入，ファンクラブ収入などの財務の視点における業績評価指標に，入場者数やファンクラブ新規会員数を媒介して結び

付いている．ただし，ROI を上昇させる効率的なクラブ経営のためには，入場者数を増加させるだけでなく，観客席が満席になるかどうかも重要である．

したがって，ネットワーク図によって業績評価指標間の関係性を視覚的にとらえ，上記に挙げた項目を重視した上で，異なる部門間，上司・部下間でコミュニケーションを行い，バランスト・スコアカードの構築の議論を進めることにより，客観性のある判断材料を取り入れ，重要な項目を見落とすことを回避できると考えられる．

しかしながら，解釈が難しい業績指標間にパスが存在していることを認識している．これは，解釈が難しい業績指標間に媒介する指標がほかにあることが考えられる．今回は，多くの指標を質問紙に取り込むことは，回答者の負担が増えることにもつながるため，バランスト・スコアカードの各視点で 10 個の業績評価指標に絞った．そのため，バランスト・スコアカード構築をする際には，解釈が難しい業績指標間に何があるのかを議論し，補完することが対応策として重要だと考えられる．

●付録 6.1　共起性尺度

共起性尺度は，ある一組の事象がともに起きるのはどの程度かを表すものである．主な共起性尺度としては，Jaccard 係数，Simpson 係数，コサイン距離がある［例えば，松尾ら[15]］．いま，業績評価指標 1 の改善の事象を X，業績評価指標 2 の改善の事象を Y とする．このとき，それぞれの単独での出現数を $|X|$ と $|Y|$，少なくともどちらか一方が出現した回数を $|X \cup Y|$，両方が出現し

た回数を $|X \cap Y|$ とすると，Jaccard 係数，Simpson 係数，コサイン距離の式はそれぞれ次のように与えられる．

① Jaccard 係数

$$\frac{|X \cap Y|}{|X \cup Y|} \quad \cdots\cdots\cdots (1)$$

② Simpson 係数

$$\frac{|X \cap Y|}{\min(|X|,|Y|)} \quad \cdots\cdots\cdots (2)$$

③ コサイン距離

$$\frac{|X \cap Y|}{\sqrt{|X||Y|}} \quad \cdots\cdots\cdots (3)$$

●付録 6.2　次数中心性，媒介中心性，近接性，PageRank の計算式

次数中心性，媒介中心性，近接性，PageRank の計算方法は，いくつかあるが，ここでは，統計ソフト"R"上のパッケージである igraph で用いられている計算式を示す．なお，以下の説明及び計算式の表記などは安田[18]を参考にしている．

（1）次数中心性（Degree Centrality）

次数による中心性は，ネットワークにおいて，いかに多くの他のノードと関わっているかを表している．ノード i の次数を $degree(n_i)$ とすると，ノード i の次数中心性 $C_D(n_i)$ は次式で定義される．

$$C_D(n_i) = degree(n_i) \quad \cdots\cdots\cdots (4)$$

(2) 媒介中心性 (Betweeness Centrality)

媒介中心性は，ネットワーク内でノード間の連結関係に貢献しているかを表している．ノードの数が p，ノード j とノード k との間の最短経路の数を g_{jk}，ノード j とノード k との間の最短経路でノード i を通る数を $g_{jk}(n_i)$ としたとき，ノード i の媒介中心性 $C_B(n_i)$ は次式のように定義される．

$$C_B(n_i) = \sum_{j}^{p}\sum_{k}^{p} \frac{g_{jk}(n_i)}{g_{jk}} \quad (i \neq j \neq k) \quad \cdots\cdots (5)$$

(3) 近接性 (Closeness Centrality)

近接性は，他のノードへの到達の容易さを表し，最短距離の平均の逆数で計算される．ノードの数 p が，ノード i とノード j の最短距離を $distance(n_i, n_j)$ としたとき，ノード i の近接性 $C_C(n_i)$ は，次式(6)のように定義される．

$$C_C(n_i) = \frac{p-1}{\sum_{j, i \neq j}^{p} distance(n_i, n_j)} \quad \cdots\cdots (6)$$

(4) PageRank

PageRank は，Google の検索技術にも使用されている方法であり，主に WEB 上のサイト間のリンク関係から，サイトの評価に用いられている．Page, Brin[19] によると，サイト A にリンクしているサイトを T とし，その T のリンクの総数を $C(T)$ としたとき，リンクのサイト A のページランク $PR(A)$ は次式のように定

義される.

$$PR(A) = (1-d) + d\left(\frac{PR(T_1)}{C(T_1)} + \frac{PR(T_2)}{C(T_2)} + \cdots\cdots + \frac{PR(T_p)}{C(T_p)}\right) \cdots (7)$$

ここでは，p個のサイトT_1からT_pがサイトAにリンクしている．このとき，dは，dumping factorと呼ばれ，通常は0.85に設定されるが，dは個々のサイト，あるいはサイトが所属するグループによって調整される．本分析では，PageRankにおけるサイトを業績評価指標項目に置き替え，類似度の高い業績評価指標項目間をリンク関係に見立てている．また，$d=0.85$として計算を行った．詳細な計算方法については，Pageら[19]を参照されたい．

参 考 文 献

1) 水野圭，鈴木秀男(2010)：ネットワーク分析を用いたプロスポーツクラブの業績評価指標の関係性に関する研究，日本経営工学会論文誌，Vol.61, No.4, pp.263-274
2) Kaplan, R.S. and Norton, D.P. (1992): The Balanced Scorecard: Measures that Driving Performance, Harv. Bus. Rev., Jan-Feb, pp. 71-79
3) Kaplan, R.S. and Norton, D.P. (1993): Putting the Balanced Scorecard to Work, Harv. Bus. Rev., Sep-Oct, pp. 134-142
4) Kaplan, R.S. and Norton, D.P. (1996): The Balanced Scorecard: Translating Strategy into Action, Harvard Business School Press
5) Kaplan, R.S and Norton, D.P. (2004): Strategy Maps: Converting Intangible Assets into Tangible Outcomes, Harvard Business School Press
6) 水野圭(2007)：業績指標間の関係性に関する研究，筑波大学大学院システム情報工学研究科経営・政策科学専攻 平成19年度特定課題研究報告書：

プロ野球における集客力向上のためのファンと球団に関する研究，表 6.2.1
7) 吉川武男(2006)：バランス・スコアカードの知識，日本経済新聞出版社
8) Olve, N., Roy, J. and Wetter, M. (1999): Performance Driver, Wiley
9) 大西康之(2007)：スポーツビジネス欧州サッカー編，日経ビジネス，7 月 9 日号，pp. 98-103
10) 西野努(2007)：なぜ，浦和レッズだけが世界に認められるのか，東邦出版
11) 日経産業新聞：フロントに学ぶ組織運営術，2006 年 3 月 24 日
12) J リーグ HP：http://www.j-league.or.jp/ (2007 年取得)
13) 金田真一郎(2007)：スポーツビジネス米メジャーリーグ編，日経ビジネス，6 月 25 日号，pp. 61-67
14) 鈴木秀男，藤田浩，大山忍，山口大輔(2007)：プロ野球チームの球場設備・サービスの顧客満足度調査研究，(社)日本品質管理学会第 83 回研究発表会研究発表要旨，pp. 39-42
15) 松尾豊，友部博教，橋田浩一，中島秀之，石塚満(2005)：Web 上からの人間関係ネットワークの抽出，人工知能学会論文誌，Vol.20, No.1, pp. 46-56
16) Freeman, L.C. (1979): Centrality in Social Networks Conceptual Clarification, Soc. Networks, Vol.1, pp. 215-239
17) Brin, S. and Page, L. (1998): The Anatomy of a Large Scale Hypertextual Web Search Engine, Comput. Networks ISDN Syst., Vol.30, pp. 107-117
18) 安田雪(2001)：実践ネットワーク分析，新曜社
19) Page, L., Brin, S., Motwani, R. and Winograd, T. (1999): The PageRank Citation Ranking: Bringing Order to the Web, Technical Report, Stanford InfoLab

索　引

【アルファベット】

ACSI　32, 65
　——スコア　72
　——モデル　66
AGFI　47
CFI　47
Cronbach のアルファ係数　49
GFI　47
"How to" チェック　135
Jaccard 係数　145, 156
PageRank　146, 157
PDCA　22
QC 七つ道具　24
RMR　47
RMSEA　47
SERVPERF　43
SERVQUAL　28, 37, 38
Simpson 係数　145, 156
"Why to" チェック　135

【あ行】

アクションプラン　134
後工程はお客様　21
異質性　17
イノベーションと学習の視点　130
おもてなしサービス　41

【か行】

階層的サービス品質評価モデル　52
価格対比期待　68
確実性　38, 39
管理図　24
管理のサイクル　22
気づき　119
客観的データに基づく管理　23
共感性　38, 40
共起性尺度　145, 155
共起度　145
共起分析　25
業績評価指標　132, 134
共分散構造分析　47
業務プロセスの視点　131
近接性　146, 157
口コミ　19
　——効果　70
経験価値マーケティング　57
経験品質　19
顧客期待　66, 68
顧客苦情　66, 70
顧客指向　21
顧客の視点　131
顧客満足　28, 32, 66, 69
顧客満足度　28
　——指数モデル　73
　——スコア　72

顧客ロイヤルティ　30, 32, 66, 70
コサイン距離　145, 156

【さ行】

サービス　18
　——の特性　15
　——の見える化　19
　——品質　28, 32
　——・プロフィット・チェーン　33
財務の視点　131
事実に基づく管理　23
次数中心性　146, 156
事前期待　68
重点指向　23
重要成功要因　133
手法の活用　24
消滅性　17
新QC七つ道具　24
人材と変革の視点　132
真のロイヤルティ　31
信頼性　38
信頼品質　19
数値目標　134
成果品質　56
潜在的ロイヤルティ　31
戦略マップ　134
戦略目標　133
相関係数　115
相互品質　53

【た行】

妥当的なサービスのレベル　29
探索品質　19
知覚価値　38, 66, 69
知覚品質　27, 38, 66, 68
中心性指標　145
適合度　47
　——指標　47
テキストマイニング手法　25
同時性　16
特性要因図　24

【な行】

内部ビジネスの視点　130
ネットワーク図　145
ネットワーク分析　145
望ましいサービスのレベル　29

【は行】

媒介中心性　146, 157
バックヤード　21
バランスト・スコアカード　129
反応性　38, 39
ビジョンと戦略　133
標準化　21
品質管理　20
品質第一　21
品質表の展開　24
不確認パラダイム　69
物理的環境品質　53
プロスポーツクラブ　128
プロ野球チームの顧客満足度指数モ

デル　77, 79
フロントヤード　21

【ま行】

見せかけのロイヤルティ　31
無形性　16

【や行】

有形性　38, 41

四つの視点　129, 131

【ら行】

理想期待　68

JSQC選書 15
サービス品質の構造を探る
プロ野球の事例から学ぶ

定価：本体 1,500 円（税別）

2011 年 5 月 27 日　　第 1 版第 1 刷発行

監 修 者　社団法人 日本品質管理学会
著　 者　鈴木　秀男
発 行 者　田中　正躬
発 行 所　財団法人 日本規格協会

　　　　　〒107-8440　東京都港区赤坂 4 丁目 1-24
　　　　　　　　　　http://www.jsa.or.jp/
　　　　　　　　　　振替　00160-2-195146

印 刷 所　日本ハイコム株式会社

© Hideo Suzuki, 2011　　　　　　　　　　　Printed in Japan
ISBN978-4-542-50467-7

当会発行図書，海外規格のお求めは，下記をご利用ください．
　出版サービス第一課 :(03)3583-8002
　書店販売 :(03)3583-8041　　注文 FAX:(03)3583-0462
　JSA Web Store:http://www.webstore.jsa.or.jp/
編集に関するお問合せは，下記をご利用ください．
　編集第一課 :(03)3583-8007　　FAX:(03)3582-3372
●本書及び当会発行図書に関するご感想・ご意見・ご要望等を，
　氏名・年齢・住所・連絡先を明記の上，下記へお寄せください．
　　e-mail:dokusya@jsa.or.jp　　FAX:(03)3582-3372
　(個人情報の取り扱いについては，当会の個人情報保護方針によります.)

JSQC選書

JSQC(日本品質管理学会) 監修
定価 1,575 円，⑩のみ定価 1,785 円

① Q-Japan －よみがえれ，品質立国日本 　　飯塚　悦功　著

② 日常管理の基本と実践 －日常やるべきことをきっちり実施する　　久保田洋志　著

③ 質を第一とする人材育成 －人の質，どう保証する　　岩崎日出男　編著

④ トラブル未然防止のための知識の構造化
－SSM による設計・計画の質を高める知識マネジメント　　田村　泰彦　著

⑤ 我が国文化と品質 －精緻さにこだわる不確実性回避文化の功罪　　圓川　隆夫　著

⑥ アフェクティブ・クォリティ －感情経験を提供する商品・サービス　　梅室　博行　著

⑦ 日本の品質を論ずるための品質管理用語 85　　(社)日本品質管理学会 標準委員会 編

⑧ リスクマネジメント －目標達成を支援するマネジメント技術　　野口　和彦　著

⑨ ブランドマネジメント
－究極的なありたい姿が組織能力を更に高める　　加藤雄一郎　著

⑩ シミュレーションと SQC
－場当たり的シミュレーションからの脱却　　吉野　睦／仁科　健　共著

⑪ 人に起因するトラブル・事故の未然防止と RCA
－未然防止の視点からマネジメントを見直す　　中條　武志　著

⑫ 医療安全へのヒューマンファクターズアプローチ
－人間中心の医療システムの構築に向けて　　河野龍太郎　著

⑬ QFD－企画段階から質保証を実現する具体的方法　　大藤　正　著

⑭ FMEA 辞書 －気づき能力の強化による設計不具合未然防止　　本田　陽広　著

⑮ サービス品質の構造を探る －プロ野球の事例から学ぶ　　鈴木　秀男　著

⑯ 日本の品質を論ずるための品質管理用語 Part 2　　(社)日本品質管理学会 標準委員会 編

JSA 日本規格協会　http://www.webstore.jsa.or.jp/